Differenzierte Diagnostik der endogenen Psychosen, abnormen Persönlichkeitsstrukturen und neurotischen Entwicklungen

Professor Dr. med. Karl Leonhard

ehemaliger Direktor der Psychiatrischen und Nervenklinik
der Charité der Humboldt-Universität zu Berlin

Differenzierte Diagnostik der endogenen Psychosen, abnormen Persönlichkeitsstrukturen und neurotischen Entwicklungen

4. Auflage

Verlag Gesundheit GmbH

Karl Leonhard: Differenzierte Diagnostik der endogenen Psychosen /
Karl Leonhard. – 4. Aufl. – Berlin : Verl.
Gesundheit GmbH, 1991. – 75 S.

ISBN 3-333-00616-2

1. Auflage 1963
2. Auflage 1965
3. Auflage 1967

4. Auflage

Satz und Druck: Saladruck Steinkopf & Sohn GmbH & Co. KG
Buchbinderische Weiterverarbeitung: Lüderitz & Bauer-GmbH
Umschlaggestaltung: Wolfgang Geisler

Vorwort

In einem Weiterbildungsartikel des Nervenarztes (Bd. 61; 1990; S. 255–258) über „operationalisierte Diagnostik in der Psychiatrie“ konstatierte unlängst H. Saß mit Blick auf das DSM-III-R und die ICD-10 den darin enthaltenen „radikalen Bruch ... mit den in langer Tradition gewachsenen Krankheitslehren“, der „zu einer Verschüttung überlieferten klinischen Wissens ... führen kann“. Er räumte ein, daß „für jüngere Assistenten, die sich in ihrer Ausbildung auf DSM-III-R oder ICD-10 stützen“, ... „klassische Autoren wie Wernicke, Leonhard, Kretschmer oder Weitbrecht schon allein wegen klassifikatorischer und terminologischer Differenzen bald ähnlich unzugänglich werden können wie für uns Schriften von Heinroth, Griesinger, Kahlbaum oder die französische Literatur“.

In der gleichen Zeitschrift führen einige Seiten weiter (S. 259–270) H. Dilling und V. Dittmann zum Thema „Die psychiatrische Diagnostik nach der 10. Revision der internationalen Klassifikation der Krankheiten (ICD-10) aus: „Bei aller Bewunderung und weitgehender Akzeptanz wird es in der deutschsprachigen Psychiatrie auch viel Kritik an einem System geben, das die Entwicklung im angloamerikanischen Raum in den letzten Jahrzehnten stärker widerspiegelt als die der psychiatrischen Nosologie Europas. Andererseits muß anerkannt werden, daß Kraepelin, Jaspers und Kurt Schneider in den USA und England rezipiert sind und vieles auf diesem Umweg zu uns zurückkehrt.“

Um Mißverständnissen vorzubeugen, sei hingewiesen, daß diese Zitate nicht deswegen an den Anfang eines Vorwortes gestellt worden sind, um gegen das DSM-III-R oder die ICD-10 zu polemisieren, denn über Sinn und Zweck, aber auch um die Problematik solcher Klassifikationen ist viel Wertvolles und Kritisches geschrieben worden. Die Bemerkungen von Saß, Dilling und Dittmann sollen u. a. als Begründung dafür dienen, daß es unbedingt richtig ist und notwendig erscheint, die Leonhardsche „Differenzierte Diagnostik der endogenen Psychosen, abnormen Persönlichkeitsstrukturen und neurotischen Entwicklungen“ erneut aufzulegen, nachdem das Buch 1964 erstmalig erschienen war und 1965 sowie 1968 weitere Auflagen hinzukamen. Leonhards Hauptwerk „Aufteilung der endogenen Psychosen“ hatte zu diesem Zeitpunkt bereits die 2. von insgesamt 6 Auflagen erlebt und wurde 1979 in englischer Sprache bei John Wiley & Sons in den USA herausgebracht. Leonhard konnte seinerzeit diesen Umstand, daß gerade das Hauptwerk noch zu Lebzeiten (Karl Leonhard 21. 3. 1904 bis 23. 4. 1988) in Englisch erschien, mit Genugtuung zur Kenntnis nehmen.

Mit der „differenzierten Diagnostik“, wie das vorliegende Buch im Klinikalltag stets kurz benannt wurde und das er vor seinem Tode nochmals überarbeitete, wollte Leonhard sowohl den Studierenden als auch den Fachkollegen „eine gedrängte Übersicht über wissenschaftliche Ergebnisse“, d. h. seine ureigensten Anschauungen vermitteln. Obwohl Leonhards Sprache gedrängt und knapp ist, er meisterhaft die Kunst beherrschte, mit wenigen Worten über Persönlichkeitsstrukturen oder Neurose- und Psychoseformen sowie deren Psychopathologie eindrucksvoll zu berichten, liest sich das Buch dennoch nicht leicht. Es verlangt vom Studierenden und Fachkollegen ein Höchstmaß an Konzentration, Engagement, aber auch psychiatrische Vorbildung. Man fühlt sich genötigt, das Buch Zeile um Zeile durchzuarbeiten. Am Ende gewinnt der Leser dann in der Tat einen Ein- und Überblick über die Erscheinungsformen der menschlichen Psyche und ihrer Pathologie.

Leonhard hat bekanntermaßen um seine Sätze gerungen, hat mehr und mehr versucht, die inhaltliche Aussage zu komprimieren. Vergleiche drängen sich bezüglich der Arbeits- und Denkhaltung mit Kurt Schneider auf. Studiert man z. B. dessen „Klinische Psychopathologie“, so springen dem Leser auch hier die knappen, aber inhaltsträchtigen Informationen in ebensolchen knappgehaltenen Sätzen ins Auge. Ähnlich auch die 1. Ausgabe von Karl Jaspers' „Allgemeiner Psychopathologie“. Es wäre allein von daher schade, bedauerlich und durch nichts zu rechtfertigen, wenn sich für „jüngere Assistenten“, und nicht nur für diese, die klassischen Autoren als „unzugänglich“ erweisen sollten. Im Gegenteil. Gerade mit dem DSM-

III-R und ICD-10 sollten die Klassiker gelesen werden und nicht erst abgewartet werden, bis sie mittels dieser Klassifikation wieder aus den USA und England zu uns zurückkehren.

Es wurde bereits darauf hingewiesen, wie schwierig es ist, Leonhards Gedankengängen und Anschauungen zu folgen. Er selbst wußte um diese Tatsache und brachte dies mit den Worten zum Ausdruck, daß er die Psychiatrie „durch Aufdeckung vieler Einzelformen endogener Psychosen zu einer schwierigen medizinischen Disziplin" werden ließ. Ungeachtet dessen hat sich Leonhard gegenüber modernen klassifikatorischen Entwicklungen nicht passiv verhalten, sondern registrierte entsprechende Ausführungen vor allem im Hinblick auf die Abgrenzung monopolarer Formen affektiver Erkrankung, der zykloiden Psychosen oder seiner Persönlichkeitstypologie. In Fortführung dieser Auseinandersetzung konzipierte er für den Studierenden und Fachkollegen einen „Symptomenkatalog zum Zwecke einer Trennung der verschiedenen, vor allem der prognostisch verschiedenen Formen endogener Psychose" zwangsläufig nach seiner Lesart! Dieser wichtige, psychopathologisch orientierte Symptomenkatalog wurde 1990 aus dem Nachlaß Leonhards publiziert (K. Leonhard: Differenzierte Diagnostik der Endogenen Psychosen unter Anlehnung an einen Symptomenkatalog. Psychiat. Neurol. med. Psychol., Leipzig 42 [1990] März, 3, S. 136–145). Der Symptomenkatalog ist gewissermaßen Leonhards klassifikatorisches Vermächtnis in bezug auf die differenzierte Diagnostik endogener Psychosen. Er soll dieser Neuauflage zur kritischen Auseinandersetzung vorangestellt werden.

Prof. Dr. sc. med. K.-J. Neumärker
Direktor der Klinik und Poliklinik für Psychiatrie und Neurologie
der Medizinischen Fakultät (Charité) der Humboldt-Universität zu Berlin

Symptomenkatalog zum Zwecke einer Trennung der verschiedenen, vor allem der prognostisch verschiedenen Formen Endogener Psychose

	Charakteristisch für	Hinweisend auf
1 Ängstliche Stimmung	Angst-Glücks-Psychose	Reine phasische Psychosen (Argwöhnische Depression) Affektvolle Paraphrenie Periodische Katatonie
2 Labile Depression (Im Gespräch aufhellbar)	Manisch-depressive Krankheit	
3 Stabile Depression (Im Gespräch nicht aufhellbar)	Reine phasische Psychosen (Reine Melancholie, Reine Depressionen)	Manisch-depressive Krankheit Affektvolle Paraphrenie
4 Thematisch bestimmte Depression (Tiefe von Thematik abhängig)	Reine phasische Psychosen (Selbstquälerische Depression, Hypochondrische Depression, Argwöhnische Depression, Teilnahmsarme Depression)	
5 Labil-heitere Stimmung (Übergang in Gereiztheit)	Manisch-depressive Krankheit	
6 Stabil-heitere Stimmung	Reine phasische Psychosen (Reine Manie, Reine Euphorien)	Manisch-depressive Krankheit, Affektvolle Paraphrenie
7 Pathetisch-euphorische Stimmung	Angst-Glücks-Psychose Reine phasische Psychosen (Schwärmerische Euphorie)	
8 Angst und Euphorie im raschen Wechsel	Angst-Glücks-Psychose	Manisch-depressive Krankheit
9 Affektive Abflachung	Systematische Hebephrenie Systematische Katatonie Systematische Paraphrenie	Kataphasie
10 Beziehungsideen mit Angst	Angst-Glücks-Psychose Reine phasische Psychosen (Argwöhnische Depression)	Verwirrtheitspsychose Affektvolle Paraphrenie
11 Beziehungsideen mit Ratlosigkeit und Hemmung	Verwirrtheitspsychose	Angst-Glücks-Psychose Kataphasie
12 Beziehungsideen mit Mißtrauen und Feindseligkeit	Affektvolle Paraphrenie	Systematische Paraphrenie
13 Bedeutungsideen bei Ratlosigkeit	Verwirrtheitspsychose	Kataphasie
14 Insuffizienzgefühl	Manisch-depressive Krankheit Reine phasische Psychosen (Reine Melancholie)	
15 Angstvorstellungen	Angst-Glücks-Psychose Reine phasische Psychosen (Argwöhnische Depression, Gehetzte Depression)	Manisch-depressive Krankheit Affektvolle Paraphrenie Periodische Katatonie
16 Selbstvorwürfe	Manisch-depressive Krankheit	Reine phasische Psychosen (Reine Melancholie, Selbstquälerische Depression)
17 Selbsterniedrigung	Reine phasische Psychosen (Selbstquälerische Depression)	Manisch-depressive Krankheit

	Charakteristisch für	Hinweisend auf
18 Verarmungsideen	Manisch-depressive Krankheit Reine phasische Psychosen (Reine Melancholie)	
19 Hypochondrische Ideen	Reine phasische Psychosen (Hypochondrische Depression, Hypochondrische Euphorie) Angst-Glücks-Psychose	Manisch-depressive Krankheit Affektvolle Paraphrenie
20 Entfremdung des Körpers	Reine phasische Psychosen (Hypochondrische Depression)	Systematische Hebephrenie
21 Entfremdung im Gefühl	Reine phasische Psychosen (Teilnahmsarme Depression)	Manisch-depressive Krankheit Systematische Hebephrenie
22 Stereotypes Klagen und Drängen	Reine phasische Psychosen (Gehetzte Depression)	Systematische Hebephrenie
23 Gereiztheit mit Aggressivität	Affektvolle Paraphrenie Periodische Katatonie	Motilitätspsychose
24 Beglückungsideen	Angst-Glücks-Psychose Reine phasische Psychosen (Schwärmerische Euphorie)	Kataphasie
25 Idee der Erlösung durch Selbstopferung	Angst-Glücks-Psychose	
26 Konfabulationen als Erinnerungsfälschungen	Reine phasische Psychosen (Konfabulatorische Euphorie) Systematische Paraphrenie	Kataphasie
27 Spielerische Größenideen	Reine phasische Psychosen (Reine Manie, Konfabulatorische Euphorie)	Manisch-depressive Krankheit
28 Stabile Größenideen	Systematische Paraphrenie Affektvolle Paraphrenie	Reine phasische Psychosen (Reine Manie, Konfabulatorische Euphorie)
29 Liebeswahn	Affektvolle Paraphrenie	
30 Phantastische Ideen	Systematische Paraphrenien	Affektvolle Paraphrenie Kataphasie
31 Flüchtige Personenverkennungen	Verwirrtheitspsychose	
32 Affektive Personenverkennungen	Affektvolle Paraphrenien	
33 Absurde Personenverkennungen	Systematische Paraphrenie	Affektvolle Paraphrenie
34 Optische Sinnestäuschungen	Angst-Glücks-Psychose	Reine phasische Psychosen (Schwärmerische Euphorie Systematische Paraphrenie)
35 Innere Stimmen	Reine phasische Psychosen (Selbstquälerische Depression, Argwöhnische Depression, Schwärmerische Euphorie) Angst-Glücks-Psychose	Manisch-depressive Krankheit

	Charakteristisch für	Hinweisend auf
36 Ich-fremde Stimmen	Systematische Paraphrenie Systematische Katatonie Systematische Hebephrenie Affektvolle Paraphrenie	
37 Stimmen aus Ratlosigkeit	Verwirrtheitspsychose	
38 Affektiv bedingte Stimmen (Angst, Ekstase)	Angst-Glücks-Psychose Reine phasische Psychosen (Argwöhnische Depression Schwärmerische Euphorie)	
39 Körpersensationen	Systematische Paraphrenie Affektvolle Paraphrenie	Angst-Glücks-Psychose
40 Denkhemmung	Verwirrtheitspsychose Reine phasische Psychosen (Reine Melancholie) Manisch-depressive Krankheit	Kataphasie
41 Ideenflucht	Manisch-depressive Krankheit Reine phasische Psychosen (Reine Manie)	Verwirrtheitspsychose Kataphasie Affektvolle Paraphrenie
42 Inkohärenz der Satzordnung	Verwirrtheitspsychose Motilitätspsychose Kataphasie	Manisch-depressive Krankheit
43 Inkohärenz der Themenwahl	Verwirrtheitspsychose	
44 Paralogisches Denken (Entgleisungen, Kontaminationen)	Kataphasie Systematische Paraphrenie Systematische Katatonie	
45 Rededrang	Reine phasische Psychosen (Reine Manie, Konfabulatorische Euphorie) Manisch-depressive Krankheit Verwirrtheitspsychose Kataphasie	
46 Sprachliche Verfehlungen (Agrammatismus, Paragrammatismus, Wortneubildungen)	Kataphasie Systematische Paraphrenie Systematische Katatonie	
47 Psychomotorische Erregung mit vermehrten Ausdrucks- und Reaktivbewegungen	Motilitätspsychose	Manisch-depressive Krankheit
48 Psychomotorische Erregung mit parakinetischen Abläufen	Periodische Katatonie	Systematische Katatonie
49 Psychomotorische Verlangsamung	Motilitätspsychose Manisch-depressive Krankheit Reine phasische Psychosen (Reine Melancholie)	
50 Vielgeschäftigkeit	Reine phasische Psychosen (Reine Manie) Manisch-depressive Krankheit	
51 Stupor mit Ratlosigkeit	Verwirrtheitspsychose	Kataphasie

	Charakteristisch für	Hinweisend auf
52 Stupor mit Depression	Manisch-depressive Krankheit	Verwirrtheitspsychose
53 Stupor mit starrer Motorik	Motilitätspsychose	
54 Stupor mit stereotypen Haltungen und stereotypen Einzelbewegungen	Periodische Katatonie	Systematische Katatonie
55 Stupor mit Stumpfheit	Kataphasie	Periodische Katatonie
56 Antriebsminderung mit steifer Haltung	Periodische Katatonie Systematische Katatonie	
57 Antriebsminderung mit Negativismus	Periodische Katatonie Systematische Katatonie	
58 Antriebsminderung mit vereinzelten Hyperkinesen (Grimassieren, Stereotypien, Impulshandlungen, Aggressivität)	Periodische Katatonie	Systematische Katatonie

Inhaltsverzeichnis

Einleitung

In der Psychiatrie sind gerade die Gebiete, die im *engsten Sinne* zu ihr gehören, sehr umstritten. Von einheitlichen wissenschaftlichen Auffassungen, die mehr oder weniger von allen Fachvertretern bejaht würden, kann hier leider nicht die Rede sein. Das gilt für die *endogenen Psychosen* und für die *Neurosen,* während man sich bei den organischen Krankheiten, die fließende Übergänge zur Neurologie hin zeigen, wie auch bei den symptomatischen Psychosen, bei denen man auf körperliche Grundlagen verweisen kann, nur über Einzelfragen streitet, aber nicht über Grundsätzliches. Bei den endogenen Psychosen dagegen ist fast alles umstritten; ihre Genese, ihr Zustandsbild und ihr Verlauf. Von den Neurosen kann man das gleiche sagen; man braucht nur einerseits an die Theorien zu denken, welche die Neurosen auf die Erlebnisse der frühesten Kinderzeit zurückführen möchten, und andererseits an die Auffassungen von ihrer aktuellen Bedingtheit bei oft konstitutioneller Bereitschaft. Im Bereich der *abnormen Persönlichkeiten* versteht man sich im wesentlichen auch nur in bezug auf die groben Psychopathien, dagegen nicht mehr, wenn man den Grenzbereich betritt, in dem teilweise schon gar nicht mehr von abnormen, sondern nur noch, wie ich es ausdrücke, von *akzentuierten Persönlichkeiten* und *akzentuierenden Wesenszügen* zu sprechen ist. Gerade diese sind aber wichtig, wenn man bei den Neurosen nach konstitutionellen Voraussetzungen sucht. Ich glaube, in den genannten psychiatrischen Gebieten durch meine wissenschaftliche Arbeit eine differenzierte Diagnostik gewonnen zu haben, die nicht nur theoretisch von Bedeutung ist, sondern auch der praktischen Beurteilung im Einzelfall, bei dem es um Festlegung der Prognose und Therapie geht, dient. Bei den endogenen Psychosen wird erst durch die Aufteilung, die ich gegeben habe, eine sichere Prognose und eine Anpassung der Therapie an die verschiedene Verlaufserwartung ermöglicht, bei den Neurosen hängt die geeignete Therapie unmittelbar von der differenzierten Diagnostik ab. Ich kann meine Erkenntnisse unter diesen Umständen den Studierenden nicht vorenthalten; zugleich übermittle ich meinen Fachkollegen eine gedrängte Übersicht über wissenschaftliche Ergebnisse, die in meinen Monographien „Aufteilung der endogenen Psychosen“[1] und „Kinderneurosen und Kinderpersönlichkeiten“[2] sowie in meiner und meiner Mitarbeiter „Individualtherapie der Neurosen“[3] ausführlich wiedergegeben sind.

[1] Akademie-Verlag, 6. Aufl. Berlin 1986

[2] VEB Verlag Volk und Gesundheit, 3. Aufl. Berlin 1967

[3] Georg Thieme, Leipzig 1981 und Gustav Fischer, Stuttgart-New York 1981 3. Aufl.

Endogene Psychosen

Die moderne Psychiatrie der endogenen Psychosen begann in Deutschland damit, daß Kraepelin, teilweise auf Kahlbaum fußend, eine Gruppierung in die *Dementia praecox* einerseits und das *manisch-depressive Irresein* andererseits vornahm. Seine Auffassungen fanden in aller Welt Anklang, während vorher die Franzosen mit Esquirol, Magnan, Pinel und anderen in der Psychiatrie führend gewesen waren. Kraepelin dachte seine Einteilung vor allem prognostisch, indem er in der Dementia praecox die fortschreitende und mit Defekt endende endogene Psychose, im manisch-depressiven Irresein die phasisch verlaufende und heilbare Form sah. Unter dem Einfluß von E. Bleuler, der nicht mehr von Dementia praecox, sondern von *Schizophrenie* sprach, wurde der Begriff für diese Krankheitsgruppe später sehr weit, der Begriff für das manisch-depressive Irresein sehr eng gefaßt. Das hatte zur Folge, daß viele Kranke, die man als schizophren ansah, gesundeten und das ursprüngliche Kraepelinsche Prinzip der Prognose seine Bedeutung verlor. Es wurde damit aber auch die Berechtigung der Zweiteilung fragwürdig, da man nach den Symptomen allein keine sichere Grenze ziehen konnte.

Die Kraepelinsche Auffassung der endogenen Psychosen wurde in Deutschland von Wernicke abgelehnt, der eine viel differenziertere Einteilung gab und dabei nicht von der Prognose, sondern vom Zustandsbild ausging. Es folgten ihm nur wenige nach, jedoch griff Kleist seine Lehren auf. Dieser suchte zugleich das prognostische Prinzip von Kraepelin, das eine *ätiologische* Trennung der Psychosen vermitteln sollte, einzubeziehen und schuf aus den Zustandsbildern von Wernicke endogene Krankheitsformen, die nicht nur durch ihr Symptombild, sondern auch durch ihren Verlauf und Ausgang charakterisiert waren. Es entstanden auf diese Weise im Bereich der endogenen Psychosen selbständige Formen, durch die vor allem die Gruppe der Schizophrenien wieder auf die prognostisch ungünstigen Gestaltungen eingeengt wurde. Weiter war Kleist aber auch bemüht, innerhalb der schizophrenen und der manisch-depressiven Gruppe Sonderformen abzugrenzen. Er konnte hier außer auf Wernicke auch auf Kraepelin fußen, da dieser in der Zweiteilung zwar die grobe Gruppierung gesehen, aber zugleich doch versucht hatte, im Bereich der Schizophrenien, vor allem ihrer Endzustände, genauere Bilder zu beschreiben. Von den schizophrenen Defektzuständen gingen auch meine *eigenen Untersuchungen* aus, ich konnte hier in vielem Kraepelin folgen. Wenn ich jedoch die endogenen Psychosen insgesamt ins Auge fasse, dann fußen meine Auffassungen viel stärker auf Wernicke und Kleist.

Schizophrenien

Die Psychosen, die man unter dem Begriff der *Schizophrenie* vereint, umfassen zwei grundsätzlich verschiedene Gruppen. Wenn ich einerseits die *systematischen* Schizophrenien, die man auch als Kerngruppe bezeichnen kann, unterscheide, so soll damit zum Ausdruck gebracht werden, daß sie in ihren klar umschriebenen Bildern festen Ordnungen folgen, und zugleich die Vermutung ausgesprochen werden, daß sie auf einer Degeneration bestimmter Hirnsysteme beruhen und insofern den neurologischen *Systemkrankheiten,* etwa der amyotrophischen Lateralsklerose, vergleichbar sind. Ihr langsam fortschreitender Verlauf paßt dazu. Die *unsystematischen* Schizophrenien andererseits zeigen durch eine größere Spielbreite der Symptome weniger scharf umschriebene Bilder, sie verlaufen auch in der Regel nicht schleichend, wie man es von den degenerativen Krankheiten kennt, sondern in akuten Schüben. Vielleicht sind hier ätiologisch Körpervorgänge anzuschuldigen, die eine *toxische Wirkung* auf das Gehirn entfalten. Eine konkrete Feststellung zur Pathogenese der Schizophrenien konnte man bisher nicht treffen. Die Stoffwechselveränderungen, die man zu finden glaubte, sind widersprüchlich, die Hirnveränderungen sind umstritten. Es ist wahrscheinlich, daß in einem krankhaften Ausmaß Zellausfälle im Gehirn vorliegen. Wenn sie nicht grob in Erscheinung treten, so führe ich das darauf zurück, daß die Hirnsysteme, die bei den Schizophrenien erkrankt sind, höchsten psychischen Aufgaben dienen und daher vielseitige Verbindungen mit den verschiedensten Gebieten haben müssen. Wenn sich Systeme aber über das ganze Gehirn erstrecken, braucht der Ausfall eines einzelnen an keiner Stelle grob hervorzutreten, ein Verlust an Zellen und Fasern, der sich so verteilt, ist schwer feststellbar. Jedenfalls zeigen die *schizophrenen Endzustände* klinisch so *eindeutige Defektsymptome,* daß an Gehirnveränderungen nicht gezweifelt werden kann, auch wenn sie mit den heutigen Methoden noch nicht sicher zu fassen sind. Der schizophrene Defekt ist ebenso unheilbar wie ein organischer Ausfall, die therapeutischen Erfolge bei Schizophrenien beziehen sich auf akute Zustände, aber nicht auf Endzustände. Bei diesen kann man nur noch den „psychischen Überbau" beeinflussen, d. h. Erscheinungen, die nicht aus der Krankheit selbst entstehen, sondern hinzutreten, wenn die Kranken geistig nicht genügend angeregt, vor allem nicht beschäftigt werden. Sie nehmen dann leicht unsoziale Gewohnheiten an, die aus der Krankheit selbst nicht abzuleiten sind.

Es ist bekannt, daß die *Vererbung* bei den Schizophrenien eine Rolle spielt, doch ist es nicht gelungen, einen bestimmten Erbgang nachzuweisen. Meines Erachtens hängt dies damit zusammen, daß man immer wieder für die ganze Gruppe der Schizophrenien einen Erbgang sucht, während man sich auf Einzelformen beziehen sollte, die selbständige Einheiten sein können. Die Belastung ist nach eigenen Untersuchungen bei den systematischen Schizophrenien viel geringer als bei den unsystematischen. *Bei den günstigeren Verläufen findet man also die stärkere Belastung.* Da nach den Erkrankungszahlen und auch nach den Zwillingsuntersuchungen nicht alle Menschen psychotisch werden, die nach ihrer Anlage dazu disponiert sind, sucht man nach weiteren Ursachen, von denen die Rede sein wird.

Ob eine systematische oder eine unsystematische Schizophrenie vorliegt, läßt sich meist schon im *Beginn* entscheiden, da die ersteren schleichend, die letzteren akut einzusetzen pflegen. Die genauere Differenzierung in Unterformen kann jedoch im Beginn oft noch nicht erfolgen, da hier unspezifische Symptome beigemischt sind, die lediglich darauf hinweisen, daß eine psychische Krankheit eingesetzt hat. Diese beginnenden Symptome hat man vielfach überschätzt und gemeint, sie seien für Schizophrenie charakteristisch. So ist es zu erklären, daß man viele heilbare Psychosen, die ähnliche Symptome boten, als schizophren deutete.

Bei beginnenden Schizophrenien findet man häufig eine Ratlosigkeit, die mit einer Neigung zu *Beziehungs-* und *Bedeutungsideen* einhergeht. Die Vorgänge der Umgebung werden falsch aufgefaßt, harmlose Erscheinungen bekommen eine abnorme Bedeutung und eine Beziehung zur eigenen Person. Besteht jedoch zugleich eine schwere Denkhemmung oder andererseits eine erhebliche Angst, so besagt das Beziehungs- und Bedeutungssyndrom, wie wir bei den zykloiden Psychosen sehen werden, nichts im Sinne einer Schizophrenie. Bei Angst und Ratlosigkeit kann ferner die Vorstellung auftreten, es sei etwas Unheilvolles im Gang; es zeigt sich vielleicht sogar das *Katastrophenerlebnis* oder *Weltuntergangserlebnis,* wie man es genannt hat. Man glaubte einstmals, dieses sei besonders charakteristisch für eine beginnende Schizophrenie; tatsächlich findet man es aber auch wieder bei Zykloiden Psychosen, hier sogar häufiger als bei Schizophrenien. Bei manchen anderen, ebenfalls als schizophren angesehenen Symptomen, muß man ihre Art und ihre Entstehungsweise genauer feststellen, ehe man sie diagnostisch einordnen kann. Das gilt für *Beeinflussungserlebnisse, Gedankenentzug, Gedankeneingebung* oder das Gefühl, *hypnotisiert* zu sein. Vor allem darf man diese Begriffe nicht an die Patienten herantragen, denn sie meinen dann oft, die Veränderung, die sie bei sich bemerken, werde von dem Arzt nun mit dem richtigen Namen bezeichnet. So können sie bejahen, obwohl sie etwas ganz anderes meinen als der Arzt mit seiner Frage. Dieser Irrtum kann auch unterlaufen, wenn man nach *Stimmen,* diesem so häufigen Symptom der endogenen Psychosen, fragt und im Fall der Bejahung nicht genauer nachforscht, was der Patient erlebt. Vielleicht hat er „innere Stimmen" im Auge, die keine echten Halluzinationen darstellen. Aber auch, wenn die Kranken wirklich meinen, von außen werde ihnen etwas zugerufen, so hat man kein spezifisch schizophrenes Symptom vor sich, man kann es auch wieder bei zykloiden und sogar bei depressiven Kranken finden. Es gibt also bei akuten Schizophrenien Symptome, die unspezifisch sind. Bei systematischen Schizophrenien können die unspezifischen Symptome des Beginns fehlen, indem sich in schleichendem Fortschreiten nur mehr und mehr die Symptome herausbilden, die auch den Endzustand gestalten. Da der Beginn hier wenig in Erscheinung tritt, kommen die Kranken manchmal erst nach Monaten oder auch Jahren in ärztliche Beobachtung. Wenn der Krankheitsvorgang in einem frühen Stadium zum Stillstand kommt, dann kann die Krankheit überhaupt verborgen bleiben, um vielleicht nur zufällig als „latente Schizophrenie" entdeckt zu werden. Andererseits schreiten die systematischen Schizophrenien, wenn sie einmal in Gang gekommen sind, meist bis zu schweren Defekten, die oft eine dauernde Anstaltsunterbringung erfordern, fort. Dementsprechend findet man in psychiatrischen Krankenhäusern mit vielen chronisch Kranken mehr Schizophrene der systematischen Gruppe, in Krankenhäusern mit vorwiegend akuten Fällen dagegen mehr der unsystematischen Gruppe.

Wenn man ein *gemeinsames Symptom* aller Schizophrenien angeben soll, so kann man einmal die *Affektstörung* nennen, die im Sinne einer Verflachung in wechselndem Ausmaß vorhanden ist, zum anderen die *Denkstörung,* die teils zu unvollkommenen Leistungen, teils zu einem Mangel der logischen Folgerichtigkeit führt. Während im einen Fall eine Schwäche im Denkantrieb zu vermuten ist, handelt es sich im zweiten Fall um eine sogenannte *formale Denkstörung,* bei der volle Leistungen möglich sind, aber häufig durch Abirrungen des Gedankengangs verfehlt werden.

Körperbaulich sind die schizophrenen Kranken großenteils leptosom, doch gibt es viele Ausnahmen. Vor allem unter den Paraphrenen der systematischen wie der unsystematischen Gruppe gibt es auch viele Pykniker.

In der *Therapie* tritt der unterschiedliche Charakter der systematischen und der unsystematischen Schizophrenien ebenfalls sehr deutlich hervor. Die ersteren bleiben bei allen Methoden, die man im somatischen Bereich versucht, *unbeeinflußt.* Wenn sie unter der Behandlung manchmal zugänglicher werden, so liegt das daran, daß sie die vermehrte Fürsorge angenehm empfinden. Bei den unsystematischen Formen dagegen kann man durch eine somatische Behandlung, besonders durch eine Heilkrampfbehandlung, aber auch durch Psychopharmaka, oft *Abkürzungen von Krankheitsschüben* erreichen. Da der Grad des Defekts bei diesen Kranken von der Dauer der akuten Schübe abhängt, ist auf diese Weise auch endgültig ein Erfolg zu erwarten.

Systematische Schizophrenien

Die systematischen Schizophrenien lassen sich in *Paraphrenien, Hebephrenien* und *Katatonien* trennen. Bei den Paraphrenien beherrschen die *Wahnvorstellungen* und *Sinnestäuschungen* das Bild, bei den Hebephrenien die *Affektverflachung,* bei den Katatonien die *Willensstörungen,* d. h. die *psychomotorischen Erscheinungen.* Zur Hebephrenie zählen nach dieser Begriffsbestimmung auch die Fälle, die von Bleuler als Dementia simplex abgesondert wurden. Viele denken bei dem Begriff der Hebephrenie weniger an das besondere Zustandsbild als an den frühen Beginn der Krankheit, doch können Katatonien ebenso früh beginnen. Im allgemeinen brechen die Hebephrenien und Katatonien schon recht früh aus, manche bald nach der Pubertätszeit, die meisten jedenfalls im 3. Lebensjahrzehnt. Ein späterer Beginn kommt vor. Die Paraphrenien setzen selten vor dem 25. Lebensjahr ein und zeigen am häufigsten um das 30. Lebensjahr ihre ersten Erscheinungen. Es kommen aber auch *Spätparaphrenien* vor, die erst mit 50 Jahren und darüber beginnen. Da Kraepelin einst die irreführende Bezeichnung der Dementia praecox geprägt hat, scheut man sich manchmal, solche Späterkrankungen als schizophren zu deuten. Sie können aber den charakteristischen schizophrenen Bildern so vollkommen gleichen, daß an ihrer Zugehörigkeit nicht gezweifelt werden kann.

Die systematischen Schizophrenien kommen als *einfache* und als *kombinierte Formen* vor. Wie sich das Syndrom der spinalen Muskelatrophie mit dem Syndrom der spastischen Spinalparalyse zum Krankheitsbild der amyotrophischen Lateralsklerose verbinden kann, so gibt es auch im Bereich der systematischen Schizophrenien Kombinationen. Die Syndrome summieren sich dann nicht einfach, sondern modifizieren sich gegenseitig. Ich gehe darauf nicht näher ein, da man bereits die vielen Bilder, die es bei den einfach-systematischen Formen gibt, nur erfassen kann, wenn man sich eingehend mit ihnen beschäftigt. Man sollte das aber schon deshalb tun, um eine Vorstellung von der Fülle dessen zu bekommen, was man schizophren nennt. Ich schildere die Formen so, wie sie sich im *Defektzustand* darstellen. Es kommen dadurch sehr schwere Bilder zur Sprache, welche die Symptomatik eindrucksvoll erkennen lassen. In frühen Stadien der Krankheit sind die Einzelsymptome weniger deutlich ausgeprägt, es können außerdem unspezifische Symptome beigemischt sein und das Bild verwischen.

Systematische Paraphrenien

Eine *Denkstörung* gehört zu allen Formen systematischer Paraphrenie, bei keiner ist sie aber so schwerer Natur wie bei der *inkohärenten Paraphrenie.* Dazu kommt bei dieser Form ein besonders heftiges Halluzinieren. Im Gedankengang können sich *heterogene Begriffe* einschieben, so daß sog. *Kontaminationen* entstehen. Daneben findet man häufig Gedankensprünge, d. h. eine *Inkohärenz.* Beides ist für die inkohärente Form der Paraphrenie charakteristisch. Manchmal ist bei den Antworten der Kranken der richtige Gedanke zwar erkennbar, aber mit einem falschen verschmolzen, manchmal erscheint die Äußerung völlig zusammenhanglos.

Folgendes Zwiegespräch gibt einen Einblick in die schwere Denkstörung der inkohärenten Schizophrenie:

(Wie lange in der Anstalt?) „Ich weiß nicht, 3 Jahre, vorher da bin ich eingezogen worden. Auf der Straße in Zivil verhaftet worden, durch die Mission, durch die Bahnhofsmission." (Wie lange in der Anstalt?) „Zuchthausstrafe. Im verdeckten Gefängnis, habe ich immer gesagt." (Wo sind Sie hier?) „Ein deutsches Staatsgebäude." (Werden Sie bestraft?) „Die Strafe genügt, wenn man soviel Stimmen hört" (Was hören Sie?) „Wenn man was ausspricht, habe ich keine festen Beweise." (Was sagen die Stimmen?) „Ich höre jetzt nichts." (Werden Sie verfolgt?) „Man will mich verwenden."

Die gleiche Kranke löste Intelligenzfragen in folgender Weise:

(Unterschied zwischen Kiste und Korb:) „Ein Korb ist ein arbeitsschaffender, eine Kiste, es kommt drauf an, was Sie für eine meinen. Eine Kiste ist ein Versand." (Baum und Strauch:) „Baum ist ein unverweslicher Mensch, z. B. ein Schattenbaum ist doch kein Reichstagsbaum, ein Mitreisender ist das." (Kind und Zwerg:) „Ich weiß nicht, einem Kind kann man nichts tun, wenn es noch so die Macht zeigt. Die Gesetze lauten ja so, wenn es noch nicht 15 Jahre alt ist, kann man nichts machen. Das ist der Unterschied zwischen einem Baum und einem Zwerg." (Der Apfel fällt nicht weit vom Stamm:) „Das habe ich noch nie für mich verwendet. Wird das gut oder schlecht ausgesprochen." (Satz bilden aus: Jäger, Hase, Feld.) „Ich bin keine Dichterin, aber ich habe das nicht, ich stehe ja mit dem Hasen in Verbindung oder dem Jäger. Das ist gut zweierlei. Das ist Reichstagsabgeordneter, Feldhase, das ist gut. Wir haben ja eigentlich die Jagd gehabt gegen die Hasen, Stallhasen."

Zwischen ihren Antworten sind die inkohärenten Schizophrenen häufig mit ihren *Sinnestäuschungen* beschäftigt, sie bewegen flüsternd die Lippen, sprechen zur Seite, blicken abgelenkt. Oft ist bei ihren Worten sogar unklar, ob sie eben auf eine Frage oder auf eine Trugwahrnehmung antworten wollten. Von Zeit zu Zeit tritt das Halluzinieren noch aufdringlicher hervor, indem die Kranken in Erregungszuständen mit ihren Stimmen schimpfen. Im wesentlichen handelt es sich um akustische Trugwahrnehmungen; genauere Angaben erhält man aber, wenn die Denkstörung ausgeprägt ist, nicht mehr. Aus gelegentlichen Äußerungen kann man entnehmen, daß manche Kranke im Endstadium *Größenideen* haben. Die *Affektivität* ist stark eingeschränkt, doch ist das schon dadurch verständlich, daß durch die Denkstörung und die halluzinatorische Abgelenktheit auch die Auslösung affektiver Regungen beeinträchtigt wird. Die Kranken leben meist stumpf für sich und ihre Trugwahrnehmungen. Katatones haben sie in ihrer Haltung, ihren Bewegungen, ihrem Mienenspiel aber nicht.

Eine zweite Form, die *phantastische Paraphrenie,* ist durch eine größere Reihe von Symptomen ausgezeichnet: *Denkstörung, absurde Ideenbildung, Personenverkennungen, Größenideen und Halluzinationen* auf allen Gebieten finden sich zusammen. Der phantastische Charakter prägt sich in der Art der Ideen und der Art der Sinnestäuschungen aus.

Die *absurden Ideen* sind durch ihre Denkwidrigkeit, die bis zur physikalischen Unmöglichkeit gehen kann, ausgezeichnet.

Die Kranken behaupten etwa, der tote Vater sei ihnen kürzlich begegnet; nach dem Tod lebe man als Katze oder Hund weiter, der Mensch werde also nur „umgemacht", ein Dr. Botton sei durch Umschwung von Drüsen zu Frl. Emmerich geworden; Mackensen und Papst Pius XII. seien identisch; Sonne, Mond und Sterne würden durch einen Apparat am Himmel festgehalten; in letzter Zeit seien mehrere neue Erdkugeln entstanden; Herr „Jesus Nikolaus" werde jedes Jahr gekreuzigt und stehe wieder auf usw.

Als besondere Form der absurden Ideen kann man die *Personenverkennungen* auffassen, die ebenfalls die phantastische Note nicht verleugnen, denn die Kranken sprechen einfache Mitkranke, Pfleger und Ärzte häufig als hohe Persönlichkeiten aus der Vergangenheit oder Gegenwart an. Phantastisch durch ihre Maßlosigkeit sind ferner die *Größenideen,* denn Selbsterhöhungen zu Millionären, Königen, zu Gott selbst, sind dabei nicht selten.

Die *Sinnestäuschungen* können dadurch phantastisch gefärbt sein, daß von halluzinierten *Massenereignissen* berichtet wird, von Massenmord im Keller, unterirdischen Folterungen u. ä. Die Trugwahrnehmungen betreffen im übrigen alle Sinnesgebiete. Einfache *Stimmen,* die über den Kranken sprechen, sind häufig. *Optische Erscheinungen,* oft wieder mit phantastischer Note, treten mit Vorliebe nachts auf. Eine Kranke sah z. B. einen Tiger mit goldener Krone an ihr Bett kommen. *Geruchs-* und *Geschmackshalluzinationen* kommen vor. Ferner gehören sehr eigenartige *Körpersensationen* zum Bild. Es werden etwa folgende Schilderungen entworfen:

Ein hohler Gegenstand werde in den Leib hineingeschossen; eine Platinnadel sei in den Körper gestochen worden; die Knochen würden weich, vor allem der rechte Fuß; im Kopf sei ein Gefühl, sehr alt zu sein; die Geschlechtsteile würden kleiner gemacht; der ganze Körper werde verdreht; das Körperfett gehe mit einem elektrischen Strom weg: die Gehirnpartien würden zusammengezogen usw.

Diese merkwürdigen Mißempfindungen aus dem Inneren des Körpers sind dem Normalen unverständlich, es scheint sich um eine Erlebniswelt zu handeln, die erst durch die Geisteskrankheit eröffnet wird. Bei der *hypochondrischen Form* werden wir diese *grotesken Sensationen* nochmals antreffen.

Oft sind in den Trugwahrnehmungen der Phantastischen auch mehrere Sinnesgebiete gleichzeitig vertreten. Bei szenischen Vorgängen, von denen sie berichten, scheinen sie gleichzeitig zu sehen und zu hören. Auch die Sensationen können sich mit anderen Trugwahrnehmungen verbinden. Wenn ein Kranker angibt, nachts sei ihm der Schädel herausgenommen und ein Totenschädel dafür eingesetzt worden, so war sein Erlebnis wohl aus optischen Elementen und Sensationen zusammengesetzt. Die Trugwahrnehmungen lassen zwar nicht in jedem Einzelfall die phantastische Note erkennen, am wenigsten ist sie den Stimmen eigen, aber erst mit dieser Note werden sie charakteristisch für die phantastische Form.

Das *Denken* zeigt keine grobe Inkohärenz oder grobe Vermengungen, sondern nur *logische Entgleisungen,* wie man in einfacher Unterhaltung oder auf Grund experimenteller Prüfungen feststellt. Läßt man die Kranken aber von ihrer Ideenwelt erzählen, dann kann man ihrem Gedankengang nicht immer folgen. Das liegt jetzt mehr an den unverständlichen Inhalten als an einer formal-logischen Störung. *Affektiv* erleiden die Kranken eine Abflachung, so daß tiefere Gefühlsregungen nicht mehr möglich sind. Ihre *äußere Haltung* bleibt aber in der Regel gut, sie sind meist lebhaft, gesprächig und oft von einer oberflächlichen Heiterkeit, die gelegentlich auch in eine ebenso oberflächliche Gereiztheit umschlagen kann.

Noch eindrucksvoller als die phantastische ist eine dritte Form, die *konfabulatorische Paraphrenie.* Während bei der erstgenannten nur den verschiedenen Einzelsymptomen ein phantastischer Zug anhaftet, bringen die konfabulatorischen Kranken in zusammenhängender Form *phantastische Erzählungen* vor, die auf eine geschlossene Erlebnisfolge hinweisen. Bei der phantastischen Form liegt die Abnormität in der unlogischen *Ideenbildung,* bei den

ein gewisses Vermögen zu. Trotzdem haftet der Größenwahn diesen Kranken viel unmittelbarer an als den Phantastischen und Konfabulatorischen, bei denen man mehr den Eindruck von Wunschträumen hat, von denen die reale Persönlichkeit wenig berührt wird.

Mit der Neigung, sich vornehm auszudrücken, erklärt sich teilweise die *eigenartige Ausdrucksweise,* die viele expansive Kranke an sich haben. Außerdem liegt aber eine *Denk- und Sprachstörung* vor, die zu einer Ungenauigkeit der Begriffe führt. Die Kranken neigen dazu, in wichtigtuerischer Weise mit dozierendem Tonfall viele und zum Teil unpassende Worte um wenig Inhalte zu machen. Man erkennt das aus folgendem Beispiel:

Auf die Bemerkung eines Arztes, es sei seine Pflicht, ihn in der Anstalt zurückzuhalten, erklärte ein Kranker: „Dieses falsche Pflichtgefühl, das Sie willkürlich üben, ist in Wirklichkeit nichts weiter als die Erscheinungsresultante eines raffiniert verdächtigen, durch Instanzen und Zwischeninstanzen ständig ineinandergreifenden Kontrollapparates, der einen unwiderstehlichen Kontrollterror ausübt durch dauernde Bedrohung eines jeden einzelnen Mitgliedes dieses Apparates. Diese subjektive Auffassung von Pflicht leistet allen willkürlichen Handlungen Vorschub."

Sowohl das Wichtigtuerische wie auch die Denkstörung erkennt man aus folgendem Schriftstück eines anderen Kranken.

„Eine Lehre will ich berichten, die auf allen Gebieten der Wissenschaft angewendet werden kann. Man bedient sich dabei des Zahlensystems und ihre Umstellung in Wörter. Es bedeuten die Zahlen 4 = das Norm, 5 = die Stütze, 6 = blau, 7 = der Spion, 8 = Achtung, 9 = Wirren, 10 = Arbeit, 11 = Hilfe, 12 = die Zeit, 13 = Unglück, 14 = der Krieg, 15 = die Schuld, 20 = Kapp-Putsch, 21 = Steine, 22 = der Dienst, 23 = Wetter, 24 = Schrift, 25 = Jubiläum, 26 = Waren, 27 = Geburtstag, 28 = Schiff, 29 = Lehre, 30 = Bank. Die Anwendung dieser Wörter sind ersichtlich in Zeilen, Sätzen, Kapitalien, durch Signale mit Hilfe der Uhr. Es kommen dabei nur die Zahlen in Frage, ihre Stellung und Umstellung muß man sich dann suchen."

Nimmt man die Kranken nicht ernst, dann werden sie leicht gereizt, der Affekt geht aber nie tief.

Systematische Hebephrenien

Wesentlich einfacher als bei den Paraphrenien liegen die Verhältnisse bei den *Hebephrenien.* Da die Erscheinungen oft sehr milde sind, kennzeichnet häufiger als bei anderen Formen noch nichts eigentlich Psychotisches, sondern mehr nur eine Persönlichkeitsveränderung, ein sogenannter *„Knick in der Persönlichkeit"*, den Krankheitsbeginn. Das gilt auch für die läppische Form, die das an sich hat, was man am meisten als hebephren bezeichnet, nämlich den *albernen Zug,* der in einem normalen Ausmaß das Pubertätsalter auszeichnet. Allen Formen gemeinsam ist das Vorherrschen der *affektiven Abstumpfung. Denkstörungen* schwerer Ausprägung fehlen, doch findet man bei allen fortgeschrittenen Hebephrenien mangelhafte intellektuelle Leistungen. Manchmal war dann die Intelligenz schon von jeher schlecht; das kommt gerade bei der Hebephrenie nicht selten vor, da die *Pfropfhebephrenie,* d. h. eine auf einen Schwachsinn aufgepfropfte Hebephrenie, häufiger ist als andere Formen von *Pfropfschizophrenie.* Aber auch ohne früheren Intelligenzausfall findet man bei Hebephrenien eine Unvollkommenheit der Denkleistungen, vielleicht als Ausdruck eines mangelnden Antriebs im Denken.

Die *läppische Form* von Hebephrenie zeichnet sich durch ein *unmotiviertes Lachen* aus, das hervortritt, sobald man sich mit den Kranken beschäftigt. Teils ist es ein aufdringliches Kichern, teils ein stilles Lächeln. Läppisch-hebephrene Männer lächeln oft nur in sich hinein, aber dies immer von neuem, wenn man mit ihnen spricht. Häufig enthält das Lachen auch einen verlegenen Zug. Läppisch ist ferner eine Neigung zu *kindischen Scherzen.* Die Kranken necken und reizen andere, ziehen ihnen etwa die Bettdecke weg, halten sie plötzlich fest oder stoßen sie an. Manche witzeln auch durch unzutreffende Antworten, die an *Vorbeireden* erinnern können. Die *affektive Abstumpfung,* die gleichzeitig vorhanden ist, erreiche hohe Grade, sie ist auch von einer *ethischen Abstumpfung* begleitet. Dadurch können die kindischen Streiche rohere Formen annehmen, indem vielleicht andere Kranke mißhandelt werden. Auch eine *Antriebsarmut* wird durch die affektive Verflachung bedingt, die Kranken sind ohne Initiative, leben sorglos zufrieden in den Tag hinein.

Die *verschrobene Form* von Hebephrenie zeichnet sich durch eine *Einförmigkeit* des Verhaltens aus, die bis zur Manieriertheit gehen kann, meist aber nur als *Verschrobenheit* erscheint. Am meisten gleichen sich alle Kranken darin, daß sie einförmig immer wieder dieselben Beschwerden vorbringen, die von niemand ernst genommen werden. In der Klinik beklagen sie sich darüber, daß sie noch nicht entlassen sind, daß sie kein gutes Essen bekommen, daß sie arbeiten sollen, daß sich die Ärzte und Pfleger nicht genügend um sie kümmern usw. Häufig äußern sie auch *hypochondrische Beschwerden:* das Herz sei nicht mehr leistungsfähig, die Hände hätten durch die Kälte gelitten usw. Dazu kommt ein *Selbstlob* über die Tüchtigkeit, die früher vorhanden gewesen sei und auch jetzt noch in den Arbeiten auf der Abteilung hervortrete. Alles wird eintönig mit leicht *querulatorischem Tonfall* vorgebracht. Hat ein Kranker das feste Register seiner Klagen hergesagt, dann beginnt er häufig mit ähnlichen Worten wieder von vorne. Da diese Hebephrenen nie nachdrücklicher gereizt werden, wenn man ihre Beschwerden nicht beachtet, sondern immer nur den gleichen, etwas vorwurfsvollen Ton behalten, scheinen ihre Klagen mehr eingefahrene Gewohnheitshandlungen als ernstgemeinte Beschwerden zu sein. Das bestätigt sich, wenn daneben andere Verschrobenheiten bestehen. In späteren Stadien findet man nicht selten eine *Sammelmanier,* in früheren können manche anderen Gewohnheiten bestehen, die manchmal an *Zwangshandlungen* erinnern. Im ganzen treten diese aber gegenüber einer Einförmigkeit des Gesamtverhaltens zurück.

Entsprechend der klagenden Art hat die Stimmung der verschrobenen Hebephrenien etwas Mißmutig-Freudloses an sich, das in frühen Stadien des Leidens bis zu leichter Gequältheit gesteigert sein kann. Dann wirken auch die Klagen noch begründet. Die *affektive Abstumpfung* wird durch den depressiven Zug nicht verdeckt, tiefere Gefühlsregungen kommen nicht zustande. Die *ethische* Abstumpfung zeigt sich häufig in einem rücksichtslosen Vorgehen gegen schwächere Kranke.

Bei der *flachen Form* von Hebephrenie beherrscht die affektive Nivellierung das Bild. Dazu kommen *episodische Verstimmungen* mit Halluzinationen. Affektiv abgestumpft sind zwar die Hebephrenen alle, aber bei keiner Form steht die Flachheit des Affekts so sehr im Vordergrund. Die Kranken bieten bei einer Untersuchung vielfach nichts weiter als eine Verarmung des Gefühlslebens. Ihre Ansprechbarkeit ist besser als bei anderen Hebephrenen. Man kann sich mit ihnen gut unterhalten, sie nehmen zu allem Stellung, bei einfachen Fragen auch ganz richtig, aber es fehlt jedes affektive Mitschwingen. Von ihrem Anstaltsaufenthalt, von ihrer Familie, vom Tod naher Angehörigen, überhaupt von allem, was einen normalen Menschen tief berührt, sprechen sie unbeteiligt, wie über die gleichgültigste Sache. Man braucht aber gar nicht erst solche Themen zur Sprache zu bringen, um die Verflachung festzustellen. Jedes Gespräch, auch gleichgültigen Inhalts, berührt den Menschen irgendwie affektiv, er wird hier mehr, dort weniger bewegt. An seinem ganzen Verhalten, vor allem an seinem Mienenspiel, wird diese innere Beteiligung nach außen hin erkennbar. Bei den flachen Formen von Hebephrenie fehlt sie; die Antworten lassen, obwohl sie meist sachlich sind, das Mitschwingen des Gefühlstons vermissen. Daran spürt man fast unmittelbar die affektive Verarmung.

Von Zeit zu Zeit treten bei den Kranken *Verstimmungen* auf, in denen sie gereizt oder depressiv sind und gleichzeitig *halluzinieren.* Sie ziehen sich in diesen Tagen von der Umgebung zurück oder geraten in Konflikt mit ihr. Von ihren Sinnestäuschungen erzählen sie in der Verstimmung selbst wenig, nachher berichten sie aber in ihrer affektlosen Art frei darüber. Meist handelt es sich um Phoneme; aber auch optische Erscheinungen und Sensationen sind häufig. Regelmäßig stehen die Kranken mit ihrer Einsicht nachher über den Trugwahrnehmungen und erklären, sie beruhten nicht auf wirklichen Vorgängen, sondern entstünden nur in ihrem Kopf. Es handelt sich demnach um *Pseudohalluzinationen.* Pharaphrene Schizophrene lassen sich im Gegensatz dazu die Realität ihrer Erscheinungen nie abstreiten. Vielleicht sind die Verstimmungen, die alle paar Wochen bis Monate kommen und meist mehrere Tage anhalten, als affektive Entladungen den psychomotorischen Entladungen vergleichbar, die wir bei katatonen Kranken finden werden.

Die *autistische Form* von Hebephrenie zeichnet sich durch eine auffällige *Abgeschlossenheit* gegen die Umgebung und durch *gereizte Erregungen* aus. Die Kranken gehen ihren täglichen Verrichtungen nach, lassen sich auch zu einfachen Arbeiten anstellen, kümmern sich sonst aber nicht um ihre Umgebung, schließen sich an niemand an, sprechen mit niemand und geben, selbst angesprochen, nur einsilbig Antwort. Ihr *Gesichtsausdruck* hat immer etwas Verschlossenes, Undurchdringliches an sich. Ein unbeteiligter Ausdruck mit einem leicht unfrohen Zug ist charakteristisch. Man möchte auch eine unfreundliche Einstellung gegen die Untersucher herauslesen, jedoch können die Antworten gleichzeitig ganz willig erfolgen. Wenn die Kranken wirklich gereizt sind, ist ihre Mimik kaum anders, man sieht ihnen daher kaum eine Veränderung an. So erklärt es sich, daß die *Erregungszustände,* die in leichteren oder stärkeren Graden zum Bild der autistischen Form gehören, oft sehr unerwartet kommen. Sie können sich in einem kurzen Schimpfen äußern, aber auch in plötzlichem Schlagen eines anderen Kranken oder sogar in gefährlicher Aggressivität. Über die Gründe erfährt man von den autistischen Kranken nie Genaueres, unbestimmte Andeutungen lassen Beziehungsideen vermuten. Im wesentlichen liegen den Erregungen aber wohl gereizte Verstimmungen zugrunde, die den Verstimmungen der flachen Form entsprechen. Außerhalb ihrer Verstimmung sind die autistischen Hebephrenen nicht reizbar, sondern affektiv stumpf.

Systematische Katatonien

Bei den *Katatonien* beherrscht die *Störung der Psychomotorik* das Krankheitsbild, doch kommen, bei manchen Formen mehr, bei anderen weniger, auch *Wahnvorstellungen* und *Sinnestäuschungen* hinzu. Das ist nicht verwunderlich, da die Willenstätigkeit, die man bei den Kranken als verändert ansehen darf, auch in die Denkvorgänge eingreift.

Die *manierierte Katatonie* zeichnet sich durch *Manieren* und eine zunehmende *Erstarrung* aus. Die Haltung wird steif, die Mitbewegungen erscheinen wie hölzern, Gesten erfolgen nicht mehr, die Mimik wird starr. Die Kranken können an Postenzephalitiker erinnern, da die Erstarrung hier wie dort vor allem die Ausdrucksmotorik, Haltung, Gestik und Mimik ergreift. Die *Willkürmotorik* verarmt zwar weniger, aber doch auch deutlich und wird außerdem mehr und mehr durch die eingefahrenen Bewegungsabläufe, d. h. die Manieren, ersetzt. Anfangs sehen diese oft noch wie *Zwangserscheinungen* aus, da Kranke etwa bestimmte Speisen nicht essen, über bestimmte Straßen nicht gehen, morgens nicht aus dem Bett kommen usw. Auch die Kranken selbst können dabei noch das Gefühl des Zwangs haben. Später dagegen handelt es sich nur noch um Automatismen. Es wird etwa von Zeit zu Zeit der Boden berührt oder ein Mitkranker angetastet, der Löffel vor jedem Essen erst kurz auf den Tisch gelegt, der Fuß immer nur auf bestimmte Stellen des Bodens gesetzt, nicht gesprochen oder nicht gegessen, so daß selbst Sondenernährung nötig werden kann, oder es wird im Garten immer starr der gleiche Platz eingenommen usw. Mit zunehmender Erstarrung werden die Manieren, die eine *Bewegung* bringen (etwa Betasten anderer Kranker) seltener, dagegen die Manieren, die eine *Unterlassung* zum Inhalt haben (Mutismus, Nahrungsverweigerung, Stehen auf dem gleichen Platz), häufiger. In schweren Fällen sprechen die Kranken oft kein Wort mehr und bewegen sich kaum noch von der ihnen gewohnten Stelle. Man kann dann nicht mehr unterscheiden, wieweit die Bewegungseinschränkung durch eine Manier, wieweit durch die Erstarrung bedingt ist. Bei therapeutischer Führung bleibt aber die Fähigkeit zu einförmiger Tätigkeit erhalten. *Gedanklich* sind diese Katatonen verhältnismäßig wenig gestört. Wenn sie sprechen, sind sie in ihren Antworten geordnet. Verhalten sie sich stumm, dann zeigen sie häufig durch einen flüchtigen Zug ihrer sonst starren Miene, etwa ein schelmisches Lächeln, daß sie trotz ihres Schweigens sehr wohl bei der Sache sind.

Erinnert die starre Form an einen postenzephalitischen Zustand, so gemahnt ihr Gegenstück, die *parakinetische Katatonie,* an eine *Chorea,* vor allem die *Huntington*sche Art. Bei äußerer Anregung tritt eine Unruhe auf, die sich aus verzerrten Bewegungen aufbaut. Teils handelt es sich um Bruchstücke von Willkürbewegungen, teils um eckig ablaufende Reaktivbewegungen auf äußere Gegebenheiten, teils um verzerrte Ausdrucksbewegungen. Bringt man die Kranken in eine ihnen unbekannte Umgebung, z. B. das Untersuchungszimmer, dann überwiegen meist die Reaktivbewegungen, die Kranken wenden sich dem Neuen zu, das sie um sich sehen, betrachten es, greifen danach und hantieren damit. Haben sie dagegen nichts Neues um sich, dann treten mehr die Ausdrucksbewegungen in ihrer oft faxenhaft wirkenden Verzerrung in den Vordergrund. Auch jede affektive Anregung läßt diese verstärkt hervortreten.

Alle Bewegungen bleiben außerdem oft mitten in ihrem Ablauf stecken. Plötzlich schießt irgendein Ausdruck ein, bleibt für Augenblicke stehen und verschwindet ebenso plötzlich wieder. Das fließende Ineinanderspielen der Bewegungen fehlt völlig. Gesichtsbewegungen gleichen mehr Grimassen als einem echten Mienenspiel. Hört die äußere Anregung auf, dann werden die Bewegungen geringer und hören schließlich ganz auf. An *Huntington-Chorea* erinnert das Ruckartige und Ausfahrende der Bewegungen, doch fehlen die einfachen Zuckungen der Chorea.

Das *Sprechen* läßt ebenfalls die parakinetische Störung erkennen, denn es ist hastig und bricht oft unvermittelt ab. Überhaupt erfolgen sprachliche Äußerungen mit Vorliebe in kurzen Sätzen, die sachlich sein können, manchmal aber auch ganz zusammenhanglos sind. So erklärte ein Kranker statt der Begrüßung unvermittelt: „Die Schlachten des Weltkriegs"; ein anderer warf plötzlich in die Unterhaltung hinein: „Haben Sie keinen Hund? Auf dem Phöbus oder Café Wien gewesen?" Wieweit solche sinnlosen Redensarten vom Denken her bestimmt werden oder lediglich Ausdruck von motorisch-sprachlichen Impulsen sind, läßt sich nicht entscheiden. In anderen Fällen verraten die kurzen Bemerkungen eine zutreffende Beurteilung der Umgebung. Auch in ihrem sonstigen Benehmen zeigen die Kranken, daß sie richtig in der Situation leben. Die Denkstörung scheint also trotz der *abspringenden Bemerkungen* nicht erheblich zu sein.

Die *negativistische Katatonie* ist durch die Art ihres *Widerstrebens* und durch *dranghafte Erregungen* ausgezeichnet. Die Kranken wenden sich ungenügend zu, wenn man sie anspricht, kommen Aufforderungen nur zögernd nach, antworten nicht oder sehr einsilbig. In unfreundlicher Verfassung widerstreben sie aktiv, lassen sich nicht bewegen, ziehen die Hand zurück, wenden sich ab. In gleichgültiger Stimmung lassen sie dagegen häufig passive Bewegungen mit sich vornehmen, der Negativismus zeigt sich dann an dem Mangel jeden Entgegenkommens. Der Nachweis dafür, daß die Verneinung nicht aus einer Willensregung, sondern tiefer, strebungsmäßig erfolgt, ergibt sich, wenn man die Kranken in freundliche Stimmung versetzt, so daß sie aus höherem Willen heraus entgegenkommen möchten. Dann tritt eine *Ambitendenz* hervor, indem sie die gewünschten Bewegungen beginnen, aber doch immer wieder unterbrechen.

Einen merkwürdigen Gegensatz stellt es dar, daß diese ablehnenden Kranken das Symptom der *Proskinesie* zeigen, das wir bei der folgenden Katatonie kennenlernen werden. Obwohl die Kranken vielleicht einen Gruß nicht erwidern und die Hand zur Begrüßung nicht geben, strecken sie die Hand automatisch immer wieder hin, wenn man die eigene einfach hinhält und von neuem hinhält. Tiefere psychomotorische Mechanismen scheinen hier anzuspringen. Nur wenn die Kranken gereizt sind, unterbleibt das automatische Gegengreifen, die Kranken verhindern hier sicher aktiv, was sich von selbst einstellen möchte.

Diese Gereiztheit ist häufig vorhanden, sie kann zu *aggressiven Erregungen* mit Angriffen auf Personen der Umgebung oder einem Zerstören von Gegenständen führen. Es sind häufig negativistische Erregungen, indem sie gerade dann kommen, wenn man den Patienten zu etwas drängen möchte. Auch ohne Gereiztheit neigen diese Kranken zu Erregungen, die dann einen dranghaften Charakter haben, indem z. B. impulsiv Stühle und Tische umgeworfen werden. Unter der modernen psychopharmakologischen Behandlung sind die Erregungen weniger aufdringlich, aber doch auch zu beobachten.

Ein Antrieb im Sinne einer *Initiative* ist bei den Kranken kaum noch vorhanden, sie leben stumpfsinnig dahin. Das *Denken* scheint nicht grob gestört zu sein, doch haben die Patienten wenig Bereitschaft, auf experimentelle Fragen einzugehen.

Der negativistischen Form entgegengesetzt ist die *proskinetische Katatonie* mit dem Syndrom der *Proskinesie*. Es handelt sich dabei um eine gesteigerte Bereitschaft, den Anregungen von außen nachzukommen. Streckt man den Kranken die Hand entgegen, dann greifen sie zu. Sie tun es aber nicht nur einmal oder mehrere Male, sondern beliebig oft. Die Bewegung wird nur allmählich kleiner, die Hand des Untersuchers wird schließlich nicht mehr richtig ergriffen, sondern mehr und mehr nur noch flüchtig berührt. Zuletzt deutet oft nur eine leichte Bewegung der Finger das *Gegengreifen* an. Wenn man den Kranken gegenüber Verwunderung ausspricht, daß sie immer von neuem ihre Hand entgegenstrecken, so können sie es vorübergehend unterdrücken, man braucht sie aber nur durch eine Zwischenfrage abzulenken, dann setzt das Gegengreifen automatisch wieder ein. Noch eindrucksvoller ist der proskinetische Automatismus beim *Mitgehen* erkennbar. Übt man z. B. einen leisen Druck gegen den Arm aus, dann bewegt sich dieser sofort gleichsinnig, solange der Druck anhält. In dieser Weise kann man den Extremitäten, dem Kopf, dem Rumpf beliebige Stellungen geben. Bei leisem Druck gegen den Hinterkopf beugt sich der Körper immer weiter nach vorn, bis schließlich die Hände den Boden berühren. Bei leisem Druck gegen die Stirn wird der Rumpf bis zur äußersten Möglichkeit überstreckt. Bei leisem Druck gegen die Schulter im Sinne einer Drehbewegung dreht sich der Körper um seine Achse, und zwar immerzu, solange der Druck anhält.

Weiter zeigen die Kranken bei Anregung häufig ein eigenartiges *Murmeln* von unverständlichen Lauten. Versteht man etwas, dann stellt man ein Iterieren bestimmter Worte und Sätze fest, häufig auch Wiederholungen, die erst nach Zwischenschaltung anderer Redensarten wieder erscheinen. Inwieweit die iterativen und stereotypen Redensarten auf eine *Denkstörung* zu beziehen sind, ist ähnlich schwer zu entscheiden wie bei den abspringenden Bemerkungen der parakinetischen Katatonie. Gerade die geringe Lautstärke, mit der das Murmeln erfolgt, spricht dafür, daß die Äußerungen mehr einer motorischen Bereitschaft im Sinne der Proskinese entspringen, als daß sie einen Gedanken wiedergeben sollen. Das Mienenspiel ist an den motorischen Vorgängen nicht beteiligt, der Gesichtsausdruck ist leer. Die Initiative erschöpft sich in der proskinetischen Unruhe.

Eine weitere Form, die *sprachträge Katatonie,* zeichnet sich durch Antriebsarmut, vor allem einen *Mangel an sprachlichen Äußerungen,* der durch *sprachliche Erregungen* unterbrochen wird, und durch eine *halluzinatorische Abgelenktheit* aus. Die Kranken stehen oder sitzen meist in leicht nach vorn geneigter Haltung da und zeigen *keinerlei Initiative.* Sie wenden sich auf Anrede flüchtig zu, man erkennt aber sofort an ihrem *Mienenspiel,* daß sie nicht bei der Sache, sondern innerlich abgelenkt sind. Sie wenden sich wieder ab, blicken hierhin und dorthin, dann wieder einmal längere Zeit auf einen Punkt, ohne daß die Blickbewegungen eine Abhängigkeit von den Vorgängen der Umgebung erkennen lassen. Stellt man Fragen, scheinen die Kranken gar nicht hinzuhören. Antwort geben sie wenig. Erfolgt eine sprachliche Äußerung, dann ist sie oft ohne Zusammenhang mit der Frage, so daß es unklar bleibt, ob sie überhaupt durch diese oder durch Innenvorgänge ausgelöst wurde.

Die Abgelenktheit des Gesichtsausdrucks, die für diese Form von Katatonie besonders charakteristisch ist, hängt mit *halluzinatorischen Vorgängen* zusammen. Das bestätigt sich durch häufige flüsternde Lippenbewegungen, die sichtlich ein Gespräch mit Sinnestäuschungen darstellen. Von Zeit zu Zeit tritt das Halluzinieren noch wesentlich eindrucksvoller in Form von *Erregungen* hervor, in denen die Kranken ins Leere oder gegen eine Wand schimpfen und sich offenbar in lebhaftestem Streit mit ihren Stimmen befinden. Solche Unruhezustände können alle paar Wochen auftreten und mehrere Tage dauern, häufig zeigen sie aber mildere Formen und äußern sich darin, daß die Selbstgespräche, welche die Kranken innerlich wohl immer führen, zeitweise lauter nach außen treten.

Genaueres über das Innenleben kann man bei fortgeschrittenen Fällen abgelenkter Form von Katatonie nicht mehr erfahren. In frühen Stadien erzählen die Kranken noch von ihren Halluzinationen, die vorwiegend akustischer Natur sind, und außerdem gelegentlich von *phantastisch-konfabulatorischen Erlebnissen.* So berichtete ein Kranker, er sei mit dem Weltraumschiff auf den Jupiter gefahren, sein Bruder dagegen auf den Merkur, der sehr heiß sei. Auf dem Weg zum Jupiter seien ihm Drachen begegnet. Er habe sie als Meteore auf die Erde geworfen und damit ganz Afrika zersplittert. Da die Kranken sehr viel halluzinieren, ist zu vermuten, daß diese konfabulatorischen Berichte ihre Entstehung *traumhaften Sinnestäuschungen* verdanken. Insofern ist neben dem akustischen ein optisches Halluzinieren anzunehmen. Der Grad und die Art der *Denkstörung* ist schwer zu beurteilen, da sich die Spracharmut bemerkbar macht und äußerlich zusammenhanglose Antworten auch durch Halluzinationen bedingt sein können. Sicher ist die Denkstörung aber erheblich und besteht vor allem in einer Inkohärenz.

Einen Gegensatz wieder zur sprachträgen Form von Katatonie zeigt die *sprechbereite Katatonie* mit der Erscheinung des *Vorbeiredens*. Die Kranken zeigen nicht etwa einen Rededrang, sie sind im Gegenteil *antriebsarm* und sprechen von sich aus fast nichts, aber sie sind eigenartig sprechbereit, d. h. *vorschnell zu Antworten bereit*. Nachdem man sie durch einige Fragen etwas in Fahrt gebracht hat, erhält man auf alles eine Antwort, gleichgültig, ob man sinnvolle oder sinnlose Fragen stellt. Wenn die richtige Antwort sehr naheliegt, so daß sie ohne Besinnen gegeben werden kann, dann erfolgt sie auch in dieser Form. Bei schwierigen Fragen wird aber nicht durch Nachdenken die richtige Lösung gesucht, sondern es erfolgt eine Antwort, die dem Kranken anscheinend zufällig in den Sinn kam, mag sie auch ganz sinnlos sein und an der Frage völlig vorbeigehen. Stellt man Fragen, die den Kranken ihrem Inhalt nach unangenehm sind, etwa nach dem Beginn ihres Anstaltsaufenthalts, nach ihrem Lebensalter, ihrer weiteren Zukunft, dann erhält man oft schon da falsche Antworten, wo ohne viel Besinnen die richtige gegeben werden könnte. Hier macht sich also eine affektive Verdrängungstendenz bemerkbar, wie sie dem hysterischen Vorbeireden zugrunde liegt, sie kommt aber nur fördernd zu dem grundsätzlich ganz andersartigen katatonen Vorbeireden hinzu. Ob man von einer Denk- oder Willensstörung reden soll, ist schwer zu sagen, beides scheint zusammenzuwirken, da der Impuls zum Sprechen erfolgt, ohne daß erst der Denkvorgang abgelaufen ist. Mehr auf die Beeinträchtigung des Denkens deuten völlig *sinnlose Redensarten* hin, die oft *agrammatisch* sind und auch häufig *Wortneubildungen* enthalten. Das *gedankenlose Nachsprechen* der Frage in etwas abgeänderter Form und das Wiederholen dessen, was schon einmal gesagt wurde, beides Erscheinungen dieses katatonen Vorbeiredens, verweisen dagegen mehr auf den vorschnellen Sprachimpuls.

Folgendes Zwiegespräch gibt einen Einblick in das katatone Vorbeireden:

(Was von Beruf?) „Zahnarzt, Regierungsbeamter." (Richtig Sekretär.) (Wann geboren?) „Das ist ja schon 66." (Wie alt sind Sie?) „Das sind zwischen 50 und 60 Jahre." (Sie wissen doch Ihr Alter!) „Ja, so genau." (Wie lange sind Sie hier?) „Das spürt sich so an, daß Sie immer da sind." (Wie lange in der Anstalt?) „Das ist nicht länger, 10 Jahre können es gar nicht sein, ½ Jahr." (Gefällt es Ihnen hier?) „Ja, es ist ganz schön, Sekretär." (Das ist Ihr Beruf, nicht Zahnarzt!) „Ja, ja." (Sonst ein Beruf?) „Ja, Mitglied." (4 · 4?) „28." (7 + 12?) richtig. (16 + 8?) richtig. (25 – 9?) richtig. (23 – 17?) „16". (23 – 17?). „Da bleibt 4, das gibt's nicht." (Wieso?) „Gibt 3½." (23 – 17?) „10". (27 – 17?) „3." (23 – 17?) „Weniger ist 23." (23 – 17?) „Gibt's nicht." (Unterschied zwischen Kiste und Korb?) „Daß die Kiste zu 4mal zählt und der Korb zählt zu 8." (Baum und Strauch?) „Daß der Baum eine Kiste bildet, und der Strauch bildet mehr einen Kreis." (Steter Tropfen höhlt den Stein?) „Das ist Balkensteinmann." (Wieviel Sterne am Himmel?) „7000." (Wieviel Sonnen?) „8000." (Wieviel Monde?) „12, 13." (Wie viele Einwohner hat die Erde?) „8000." (Wieviel Wasser im Meer?) „60 Kilo." (Wieviel Sandkörner im Meer?) „Gibt's keine, das sind Steine, Meersteine." (Wieviel Steine im Meer?) „40 000."

Das Vorbeireden wirkt noch merkwürdiger, wenn man die Kranken bei ihren Antworten vor sich sieht; denn sie zeigen alle ein eigenartig *ausdrucksloses Mienenspiel*, so daß man daraus in keiner Weise entnehmen kann, was in ihrem Inneren bei den merkwürdigen Antworten eigentlich vorgeht. Unbeteiligt wie in ihrer Mimik sind sie auch sonst, sie beachten die äußeren Vorgänge nicht, reden niemand an, ja sie können trotz ihrer Sprechbereitschaft monatelang kaum ein Wort über die Lippen bringen, wenn sie nichts gefragt werden. Sie äußern auch nie einen Wunsch und scheinen völlig *initiativlos* zu sein. In ihrer Haltung wirken sie *steif*, ohne daß deutliche Haltungsanomalien vorhanden wären.

Unsystematische Schizophrenien

Wenn bei den systematischen Schizophrenien Endzustände geschildert wurden, so ist das berechtigt, denn diesen streben sie alle zu, sie deuten sich auch schon im Beginn an, sind hier nur wegen der geringeren Ausprägung der Symptome im einzelnen noch nicht so klar abzugrenzen. Bei den *unsystematischen Schizophrenien* ist das ganz anders. Hier wird das Bild vor allem von den Prozeßsymptomen beherrscht. Über den Defekt, der später vorhanden sein wird, läßt sich oft lange Zeit wenig sagen, da die unsystematischen Schizophrenien einerseits mit einem leichten Defekt, vielleicht schon nach einem einzigen Schub, zum Abschluß kommen können, in anderen Fällen aber zu einem sehr schweren Endzustand fortschreiten.

Häufig finden sich *Überschneidungen zwischen den einzelnen Formen,* wie es bei ihrem unsystematischen Charakter nicht verwunderlich ist. Viel wichtiger ist, daß man sie von den systematischen Formen mit Sicherheit trennen kann, wodurch sich prognostische und therapeutische Gesichtspunkte ergeben.

Der Krankheitsbeginn liegt bei der periodischen Katatonie oft schon um das 20. Lebensjahr, bei der Kataphasie durchschnittlich um das 25. Lebensjahr, bei der affektvollen Paraphrenie nach dem 30. Lebensjahr.

Affektvolle Paraphrenie

Die Krankheit, die hier zu schildern ist, hat Beziehung zur Paranoia, d. h. zu dem *systematisierten Wahn,* der in der wissenschaftlichen Diskussion der Psychiatrie einst eine große Rolle spielte. Wenn die affektvolle Paraphrenie sehr milde verläuft oder sehr frühzeitig zum Stillstand kommt, dann kann dieses Bild entstehen, bei dem die Persönlichkeit erhalten bleibt und der Wahn logisch um einen Mittelpunkt aufgebaut ist. Es kann ein systematisierter *Verfolgungswahn* vorliegen, bei dem Beeinträchtigungen behauptet und alle mit einem bestimmten Ereignis oder einer bestimmten Person in Zusammenhang gebracht werden. Es kann andererseits ein systematisierter *Größenwahn* sein, bei dem sich die Patienten eine bestimmte höhere Stellung oder höhere Aufgabe zuteilen und ihr Streben ganz darauf konzentrieren. So entstehen vermeintliche Erfinder, Gesundheitsbringer, Propheten. Meist verbinden sich Verfolgungswahn und Größenwahn, indem die vermeintlichen Verfolger dem hohen Ziel im Wege stehen. Die affektvolle Paraphrenie kann aber auch zu *phantastischen Krankheitsbildern* fortschreiten. Was die Krankheit in ihrem Symptombild trotzdem zu einer Einheit zusammenschließt, ist das Verhalten der *Affektivität.* Während man bei den systematischen Schizophrenien immer wieder beobachtet, daß der Affekt nicht dem Wahninhalt entspricht, daß die angeblichen schwersten Verfolgungen mit Gleichmut ertragen werden, die angeblichen höchsten Erhöhungen wie Alltäglichkeiten erzählt werden, bleibt bei den affektvollen Paraphrenen die tiefe affektive Bindung an die Wahnideen erhalten, auch wenn diese phantastische Formen annehmen. Der so charakteristische *paranoische Affekt* ist es also, der sich durch das ganze Krankheitsgeschehen zieht.

Im Beginn tritt oft die *Affektstörung* noch stärker in den Vordergrund als der Wahn. Sie geht in dieser Zeit noch in verschiedene Richtungen: Eine *ängstliche Verstimmung* kann den Verfolgungsideen übergeordnet sein, eine *gehobene,* eventuell *ekstatische,* den Größenideen. Auch Zustände *manischer* und *melancholischer* Färbung kommen vor. Selbst ein Wechsel zwischen gehobener und gedrückter Stimmung ist nicht selten zu beobachten. So weist die affektvolle Paraphrenie im Beginn eine gewisse Verwandtschaft mit dem *zirkulären Formenkreis* auf. Der Prozeß kann nach dem ersten Schub zum Stillstand kommen, ohne tiefere Störungen zu hinterlassen.

Im Fortschreiten der Psychose, das schleichend oder in Schüben erfolgen kann, wird aus einer anfänglichen Ängstlichkeit eine *Reizbarkeit,* aus den ängstlichen Beziehungsideen entwikkeln sich mißtrauische Beziehungsideen mit feindlicher Einstellung zur Umgebung. In diesem Zustand vermuten die Kranken hinter äußeren Vorgängen Beeinträchtigungen. Sie werden, wie sie glauben, beruflich benachteiligt, von den Nachbarn bestohlen, hinter ihrem Rücken schlechtgemacht, in der Klinik von den Pflegern schikaniert, verleumdet usw. Mit Affekt bringen sie diese ihre Beziehungsideen vor, sie steigern sich während der Besprechung meist noch mehr in die Erregung hinein und wenden ihre Gereiztheit auch gegen den Untersucher, wenn dieser ihre Behauptungen in Zweifel zieht. In diesem Stadium kann man von einem *gereizten Beziehungssyndrom* sprechen, das häufiger ist als das Bild einer *Paranoia* mit Systematisierung.

Häufig schreitet die affektvolle Paraphrenie noch weiter fort. *Trugwahrnehmungen* akustischer Art mischen sich oft schon dem Beziehungssyndrom bei. Wenn die Kranken behaupten, dieses und jenes sei über sie gesagt worden, bleibt es manchmal unklar, ob es sich nur um Eigenbeziehungen handelt oder um Halluzinationen. Weiterhin nehmen die Sinnestäuschungen zu, den *Phonemen* gesellen sich *Körpersensationen* bei, die anfangs oft noch als unbestimmte *Beeinflussungserlebnisse* geschildert und nicht selten mit Hypnose erklärt werden, später aber als grobe körperliche Mißempfindungen erscheinen. Auch *optische* Erscheinungen sind nicht selten. Dazu können *Erinnerungsfälschungen, Personenverkennungen, Größenideen* kommen, so daß die Färbung immer mehr *phantastisch* wird. Die *absurden Ideen,* die bei der phantastischen Paraphrenie der systematischen Gruppe eine große Rolle spielen, bleiben in der Regel aus, kommen aber auch vor. Was die Entscheidung auch bei solchen fortgeschrittenen Fällen im Sinne der affektvollen Paraphrenie gibt, das ist, wie schon angedeutet wurde, die Gefühlsbeteiligung. Während phantastische Kranke der Kerngruppe ohne innere Erregung von ihren Ideen berichten, bleiben hier die Ideen immer ausgesprochen affektvoll. Die Kranken stehen mit ihrer ganzen Persönlichkeit dahinter, beschweren sich mit tiefer Gereiztheit über ihre Sinnestäuschungen, sprechen mit Stolz von ihren Größenideen, sind gekränkt, wenn man ihre Personenverkennungen nicht bestätigt. Auch in den fortgeschrittenen Fällen bleibt demnach erkennbar, daß im Krankheitsbild ein pathologischer Affekt von ausschlaggebender Bedeutung ist. Außerhalb ihrer Wahnwelt werden dagegen auch diese Paraphrenen allmählich flach, sie verlieren das Interesse an ihrer Familie, an ihrem Beruf und schwingen bei allgemeinen Gesprächen, die man mit ihnen führt, nicht mehr mit. Darauf kommt es nicht an, sondern nur auf die *affektive Wertigkeit ihrer Wahnwelt.* An Stelle einer Schwingungsfähigkeit ist affektiv eine Festlegung erfolgt.

Durch die moderne psychopharmakologische Behandlung wird der pathologische Affekt mit der begleitenden Wahnwelt etwas zurückgedrängt.

Kataphasie

Ein von Kraepelin als *Schizophasie* beschriebenes Krankheitsbild stellt nur ein Teilsyndrom einer unsystematischen Schizophrenie dar. Bei der anderen Erscheinungsform der gleichen Krankheit fehlt die der Schizophasie eigene, sprachliche Erregung, die Kranken sind im Gegenteil wortkarg und können an Katatone erinnern. Die Bezeichnung der *Kataphasie* soll beide Erscheinungsformen umfassen. Man erkennt an den zwei Möglichkeiten wieder die Neigung der unsystematischen Schizophrenien, nach zwei Polen gerichtet zu sein. Wie bei der affektvollen Paraphrenie im Beginn ebenso eine ängstliche wie eine ekstatische Färbung des Bildes möglich ist, finden wir bei der Kataphasie ebenso eine Erregung wie eine Hemmung im Denk- und Sprachablauf. Auch ein Wechsel zwischen beiden Zuständen kommt vor, indem kataphasische Kranke eine Zeitlang erregt, dann wieder eine Zeitlang gehemmt sein können. Meist bildet sich schließlich aber ein gleichbleibender Zustand heraus. Es kann jetzt eine Erregung oder Hemmung bestehen oder auch eine Mittellage erreicht sein, so daß nur noch das Grundsymptom der Krankheit hervortritt.

Dieses besteht in einer *Denkstörung,* die das Bild in der Regel von Anfang an beherrscht und zu großer Schwere fortschreiten kann. Es geht mehr und mehr jede logische Ordnung verloren, Begriffe werden vermengt, d. h. Gedanken heterogen zusammengefügt, andere Gedanken dagegen auseinandergerissen. Das hat zur Folge, daß die Äußerungen der Kranken voll von merkwürdigen Verknüpfungen und plötzlichen Unterbrechungen sind. Wenn man zur Charakterisierung der schizophrenen Denkstörung, die man auch als *Zerfahrenheit* bezeichnet, von *Vermengungen (Kontaminationen), Entgleisungen* und *Zusammenhanglosigkeit (Inkohärenz)* spricht, so findet man all das bei der Kataphasie, während man bei anderen schizophrenen Formen bald mehr die eine, bald mehr die andere Störung feststellen kann. Zu den gedanklichen Verfehlungen kommen *spachliche* hinzu. Man erkennt oft an den Äußerungen der

Kranken, daß sie etwas Sinnvolles sagen wollten, jedoch die sprachliche Form verfehlten. Frühzeitig geht die *grammatische Ordnung* verloren, aber auch die Worte selbst können mißlingen, so daß *Wortentstellungen* und *Wortneubildungen* entstehen. Bei der erregten Form von Kataphasie fallen mehr die gedanklichen Störungen auf, bei der gehemmten mehr die sprachlichen.

Besonders eindrucksvoll ist das Bild der *erregten Kataphasie,* da die Kranken meist eine lebhafte Art haben und dadurch geneigt sind, sprachlich hervorzutreten. In lebhafter Art, unter natürlichem Gesten- und Mienenspiel, als ob etwas Wichtiges zu berichten wäre, bringen sie Worte und Sätze vor, von denen man inhaltlich nichts versteht. Es ist in schweren Fällen, als ob sie eine fremde Sprache sprächen. Will man sie bei irgendeiner unverständlichen Wendung festhalten und dem Sinn auf den Grund gehen, dann bekommt man nur neue, ebenso unverständliche Äußerungen zu hören. Ein Kranker äußerte z. B. folgendes:

„Ich war schon das dritte Mal entlassen in der Höchster Farbwerke, gab auch Speisekarte zurück, die nicht vergütet wurde. Ich sehe viel Geld und gehe danach. Wegen Hochwerksvermögen war er gut. Hat zwei Scheine gehabt. Westdeutscher verlangt 100 Millionen Mark, Ziegeleibesitzer, Meister Luzius müssen wir hier zahlen, wir verlieren oft. Das wäre die Trennung. Das Vermögen, das fremde Vermögen hoch verliert, trage nur Druckerei Wagner, 10 Pfennige klein und 30 Jahre vielleicht. Zwei Abonnenten geht sehr schwer. Ich habe Herren hier, reinrassige. Wolf bei der Ausstellung verliert das Hausgeld. Die Prüfung wegen Rassen und Frauenhand wäre auch ein Herrentier. Ich bin jetzt im Hause ein Jahr lang links und rechts geimpft, und wer kein Menschenfresser ist, ist über 30 Jahre. Aber das ist oft anders, wenn er schwach genährt ist, sind andere Leute unzufrieden. Ich wüßte jetzt auch nicht, was los ist, ich meine, um 4 Uhr gibt es schließlich Pellkartoffeln statt Brot. Ich habe gesagt, wenn ich hinstelle und wir brauchen es, dann weiß ich, wo er ruht, ...“

Trotz schwerer Verworrenheit können Kataphasiker einfachere Arbeiten geordnet und selbständig ausführen. Fragen, die sich auf ihre Tätigkeit beziehen, oder auch sonst Fragen zu konkreten Sachverhalten pflegen sie sachlich zu beantworten, um freilich vielleicht im nächsten Satz schon wieder ganz unverständlich zu werden. Es scheint, daß ganz konkrete Vorstellungen vorübergehend eine Ordnung im Denken erzeugen können.

Gehemmte Kataphasiker sind manchmal so wortkarg, daß man gar keine Antwort erhält. Es ist dann nicht möglich, ihren Gedankengang zu prüfen. Man erkennt in diesem Fall an ihrem stumpfen Ausdruck, daß sie die Umgebung nicht beachten und in ihrer Denkstörung wohl auch nicht richtig auffassen. Von Katatonen sind sie durch das Fehlen psychomotorischer Symptome zu unterscheiden, d. h., ihre Haltung ist unauffällig, die Bewegungen zeigen, abgesehen von einer Verlangsamung, nichts Abnormes. In anderen Fällen, in denen die Kranken von sich aus wenig sprechen, erhält man doch auf Fragen Antwort. Mit einem Kranken, der an sich wortkarg war, aber doch gut Antwort gab, kam folgendes Zwiegespräch zustande, das sich teilweise auf eine traumatische Ulnarislähmung bezog:

„Der kleine Finger stört den Körper minus. Ich werde oft strahlkühl, Verfeinerungsstrahlung.“ (Sie gebrauchen eigenartige Ausdrücke!) „Man muß das haben, sehr einfach sprechen. Das Wort wie der Geist hat doch eine Entfaltung.“ (wie verwundet?) „Es waren da viele wundgeschossene Soldaten dort im Lazarett.“ (Wie es mit dem Arm gehe?) „Der Arm ist im ganzen verwendungsfähig, ich muß aber noch plus rechnen, muß das noch bejahen. Der Finger muß weggegangen sein, muß aufrechnen, das tut mir gut.“ (Was?) „Jetzt ist es noch gut. Wenn es weiter noch gut strahlt und legt, bleibt er dran.“ (Warum in der Anstalt gewesen?) „Da ist mir der Magen kaputtgeschlagen worden. Er ist jetzt noch nicht ganz gebunden.“ (Auch geschockt worden?) „Pardon, das war Kopftötung, Kopflatten. Ich muß näher erklären.“ (Sie haben einmal widerrechtlich Bäume umgeschlagen!) „Pardon, nicht im Wald, das war im Flur. Die Natur ist weitsichtig.“

Auf Intelligenzfragen antwortete der Patient wie folgt:

(Kiste und Korb?) „Eine Kiste ist ein begrenzter Raum, ein Korb ebenfalls begrenzt mit Tragbändern, Korb ist ein teilabgeschlossener Raum.“ (Die gleiche Frage an einem anderen Tag!) „Kiste ist eine Transportberäumung, sozusagen beräumt.“ (Treppe und Leiter?) „Eine Treppe ist eine abgeschlossene und geschlossene Steige, eine Leiter ist eine offene Steige, man muß vorsichtig sein.“ (Kind und Zwerg?) „Das sind tiefer gebaute Menschen, klein geprägt sozusagen, Pardon, das Kind erfährt eine stabmäßige

Erhöhung." (Die gleiche Frage an einem anderen Tag!) „Ein Zwerg ist ein körperlich klein gesetzter Mensch." (Irrtum und Lüge?) „Irrtum ist unschuldig, und Lüge ist Fälschung." (Borgen und Schenken?) „Beim Borgen liegt die Rückgabe mit drin, beim Schenken ist es wirklich gegeben." (Der Apfel fällt nicht weit vom Stamm.) „Wie der Bauer so die Frucht, ein sinnreiches Bild, Baum und Frucht." (Steter Tropfen höhlt den Stein.) „Das ist sichtbar und billig, wenn es geschieht, ein zeitlicher Vorgang, dauert sehr lange, so kann man es manchmal erklären." (Hunger ist der beste Koch.) „Da gibt es mehrere Äußerungen darüber. Er bringt eine Zielsetzung für die Speise." (Morgenstund hat Gold im Mund.) „Das ist ein schönes geläutertes Sprichwort. Ich begrüße den Morgen."

Die grammatische Form geht bei den erregten wie den wortkargen Kataphasikern verloren, die Wortneubildungen finden sich aber vorwiegend bei den letzteren. Die Denkstörung ist hier dagegen geringer. Man erkennt bei manchen merkwürdigen Äußerungen, daß doch der richtige Sinn vorschwebt.

Periodische Katatonie

Die periodische Katatonie klingt in ihrem Verlauf noch mehr als die beiden anderen unsystematischen Schizophrenien an die *zirkulären Formen* an. Erregung und Hemmung können einander phasenhaft oder auch in einem rascheren Wechsel ablösen. Die Erregung hat gegenüber der zykloiden Motilitätspsychose, die zur Darstellung kommen wird, etwas Dranghaftes an sich. Die Kranken laufen sinnlos im Saal umher, stoßen andere Kranke an, werfen sich im Bett hoch, schreien unartikuliert, stoßen zusammenhanglose Worte aus. Die ganze Unruhe hat ein *parakinetisches* Gepräge. Die Kranken gehen z. B. mit eigenartig hüpfenden Schritten, mit Verdrehungen des Oberkörpers, schleudern ihre Arme merkwürdig oder verziehen grimassierend das Gesicht. In anderen Fällen zeichnet sich die Erregung mehr durch ihre Einförmigkeit aus, indem *Iterationen* und *Stereotypien* vorherrschen. Die Kranken schlagen etwa in ständiger Wiederholung an die Wand, zerren und rücken einförmig an ihrer Bettstelle, stoßen *verbigerierend* immer wieder den gleichen Laut aus. Stereotyp kann ein Rennen zum Klosett, ein Stampfen mit dem Fuß, ein Schütteln des Kopfes oder das Schreien eines bestimmten Lautes wiederkehren. Auf Fragen sind die Kranken selten zu konzentrieren, ihre Äußerungen sind meist inkohärent, lassen daneben aber häufig eine tiefere Störung der logischen Folge erkennen.

In Zuständen von *Hemmung* bewegen sich die Kranken nicht. Sofern es sich um eine *schlaffe Akinese* handelt, lassen sie alles passiv mit sich geschehen. Bei einer *gespannten Akinese* wird der passive Bewegungsversuch mit Gegenspannungen beantwortet. Oder es folgt deutlicher ein negativistisches Verhalten, bei dem aktiv widerstrebt wird. In der Bewegungslosigkeit werden oft *unnatürliche Haltungen* eingenommen. Häufig besteht auch *kataleptisches Verharren* in gegebenen Stellungen.

Erregung und *Hemmung* lassen sich oft nicht streng trennen. Die Kranken können mit einem Arm, einem Bein oder mit dem Kopf iterative Bewegungen ausführen und sonst ganz bewegungslos verharren; bei allgemeiner Hyperkinese kann das Gesicht merkwürdig starr sein; umgekehrt findet man bei akinetischen Kranken manchmal eine grimassierende Unruhe des Gesichts; auch ein einförmiges Schreien kann sich mit sonstiger Bewegungsarmut verbinden. In anderen Fällen wieder wechseln erregte und bewegungsarme Zustände so rasch, daß die Grenze dadurch unscharf wird. Die Mischung von Erregung und Hemmung ist besonders wichtig, wenn es um die Unterscheidung zwischen periodischer Katatonie und Motilitätspsychose geht, bei welcher Hyperkinese und Akinese immer getrennt bleiben, wie wir sehen werden.

Zu den psychomotorischen Symptomen können *affektive Veränderungen* kommen. In der Erregung wie in der Hemmung findet man nicht selten eine Angst, die mit Beziehungsideen und Halluzinationen einhergehen kann. Seltener sind heitere Verstimmungen. Am häufigsten findet man eine Gereiztheit. Die aktuten Schübe der periodischen Katatonie klingen im allgemeinen in einigen Wochen bis Monaten ab. Akinetische Zustände können aber auch *jahrelang* anhalten und dann unerwartet in eine erregte Phase überleiten. Andererseits liegen oft Jahre der *Remission* zwischen den einzelnen Attacken. Nicht selten kommt der Prozeß auch nach dem ersten Schub zum Stillstand.

Die periodische Katatonie mündet in einen *Defekt* aus, der nach den ersten Krankheitsanfällen oft nur gering ist, andererseits aber auch rasch ein größeres Ausmaß zeigen kann. Akinetische Zustände führen im allgemeinen schneller zum Defekt als hyperkinetische. Die Art des Ausfalls läßt sich aus den akuten Schüben nicht ableiten, er ist nach akinetischen Zuständen der gleiche wie nach hyperkinetischen. In *leichtesten Fällen* erscheint die ganze Persönlichkeit etwas lahm, die Initiative ist gering, die Affekte gehen nicht tief, das Denken läuft etwas langsam ab, die Bewegungen sehen etwas eckig und unnatürlich aus. In schweren Fällen wird aus der Lahmheit eine *Stumpfheit.* Es besteht dann eine ausgesprochene *Antriebsarmut,* eine *affektive Abstumpfung* und eine erhebliche *Verlangsamung* des Denkens. In *schwersten Fällen* sind die Kranken nicht mehr ansprechbar, sie wenden sich meist noch zu, wenn man sich mit ihnen beschäftigt, geben aber keine Antwort. Sie zeigen auch sonst keinerlei Initiative mehr, werden unrein, wenn sie nicht dauernd zur Sauberkeit angehalten werden. Meist sitzen sie stumpf und mit unnatürlicher Haltung da. In allen Graden des Defekts fällt bei den Kranken oft eine *Reizbarkeit* auf, die den Eindruck des *Negativismus* erwecken kann. Sie werden feindselig ablehnend, wenn man sich mit ihnen beschäftigen will, stoßen Schimpfworte aus und können auch gewalttätig werden.

Es kann sich bei der gereizten Zuwendung auch um einen *hyperkinetischen Zug* handeln. Eindeutig solch ein Zug findet sich im Defekt, gleichgültig, wie tief dieser geht, sehr häufig. Manche Kranke behalten in ihrer Antriebsarmut parakinetische Unruheerscheinungen im Gesicht und sonst am Körper; sie können an parakinetische Katatone der systematischen Gruppe erinnern. Manche reagieren impulsiv, laufen etwa in einer Exploration plötzlich weg und kehren ebenso schnell zurück. Recht charakteristisch ist es auch, daß sie impulsiv antworten, ohne erst nachzudenken. Auf diese Weise kann ein *Vorbeireden* entstehen wie bei der sprechbereiten Katatonie. Die Sprache braucht sich auch sonst nicht an der Antriebsarmut zu beteiligen, manche Kranke kommen im Gespräch etwas ins Erzählen. – Es ist auch bei den Defektzuständen wichtig, festzustellen, ob sich Symptome aus beiden Polen der Krankheit mischen. Die Diagnose wird dadurch gesichert.

Gelegentlich kommt es aus den Defektzuständen heraus zu Erregungen, in denen die Kranken in dranghafte Bewegung geraten, Gegenstände zerstören, Personen ihrer Umgebung angreifen und durch Widerstand erst recht aufgereizt werden. Halten solche Erregungen länger an, dann deuten sie auf *akute hyperkinetische Schübe* hin, die in jedem Stadium der Krankheit auftreten können. Sonst scheint es sich mehr um dranghafte Entladungen zu handeln, die man allgemein bei stumpfen Katatonen findet. *Akinetische Schübe* lassen sich im schwersten Defekt kaum mehr von der dauernd bestehenden Antriebsarmut abgrenzen, in leichteren Fällen vertieft sich für gewisse Fristen die Bewegungsarmut.

Nur selten schreitet die periodische Katatonie zu den schweren Endzuständen fort. Meist bleibt es bei der einfachen Lahmheit, so daß die *Prognose* der periodischen Katatonie verhältnismäßig gut ist, sofern sich die Schübe nicht häufen.

Zykloide Psychosen

Bei der in der Psychiatrie heute vielfach üblichen weiten Fassung des Schizophreniebegriffs werden die *zykloiden Psychosen* meist diesem untergeordnet. Das ist insofern erklärlich, als sie in ihrer Symptomgestaltung eine gewisse Ähnlichkeit mit den unsystematischen Schizophrenien aufweisen. Eine beginnende affektvolle Paraphrenie kann der *Angst-Glücks-Psychose,* eine beginnende Kataphasie der *Verwirrtheitspsychose,* eine beginnende periodische Katatonie der *Motilitätspsychose* ähneln. Trotzdem handelt es sich um grundverschiedene Krankheiten, da die unsystematischen Schizophrenien einem Defekt zuneigen, mag er auch nach dem ersten Schub manchmal noch nicht erkennbar sein, während die zykloiden Psychosen sicher heilbar sind, d. h. nach beliebig vielen Phasen immer wieder in völlige Gesundheit einmünden. Diese

Verschiedenheit ist nicht nur theoretisch-wissenschaftlich, sondern auch praktisch-prognostisch und therapeutisch von größter Bedeutung. Das Symptombild ist auch nur selten wirklich zu verwechseln. In der Regel sind bei den unsystematischen Schizophrenien schon im Beginn die Züge zu erkennen, die sie im weiteren Verlauf eindeutig von den Bildern der zykloiden Psychosen trennen.

Bei den letzteren ist die Neigung, nach den zwei Polen gerichtet zu sein, noch größer als bei den unsystematischen Schizophrenien. Sie nähern sich dadurch verlaufsmäßig mehr der *zirkulären,* d. h. *manisch-depressiven* Krankheitsform und tragen ihren Namen, der die Ähnlichkeit mit der zirkulären Krankheit ausdrückt, zu Recht. Die diagnostische Unterscheidung innerhalb der zykloiden Psychosen zu treffen, ist dagegen nicht immer leicht, da *Überschneidungen* vorkommen. Angstpsychosen und Glückspsychosen können mit Inkohärenz oder Denkhemmung verbunden sein, also mit Zügen der Verwirrtheitspsychose, diese kann ängstliche oder ekstatische Erscheinungen bieten. Ebenso tritt oft die Motilitätspsychose mit ihren hyperkinetischen oder akinetischen Zügen mit den beiden anderen Formen in Verbindung. Am häufigsten findet man, daß sich eine Hyperkinese mit einem verworrenen Rededrang verbindet, so daß man manchmal mit dem gleichen Recht eine Motilitätspsychose wie eine Verwirrtheitspsychose annehmen kann. Der Pol kann bei den zugesellten Zügen auch vertauscht sein, indem man etwa bei einer gehemmten Verwirrtheitspsychose einen freudigen Gesichtsausdruck beobachtet. Das Umgekehrte, eine Angst bei einer erregten Verwirrtheitspsychose ist sogar recht häufig. Wenn es manchmal unmöglich ist, die sichere Entscheidung zwischen zwei zykloiden Psychosen zu treffen, so ist das nicht ausschlaggebend. Viel wichtiger ist, daß man das Vorliegen einer zykloiden Psychose überhaupt erkennt, um die richtige Prognose stellen zu können.

Die *Dauer der Phasen* ist bei den zykloiden Psychosen ähnlich wie bei der manisch-depressiven Krankheit, die Phasen des gehemmten Pols pflegen allgemein etwas länger zu dauern als die des erregten. Die *Neigung zur Periodizität* ist geringer als bei der manisch-depressiven Krankheit. Der *Beginn* kann in jedem Lebensalter liegen, doch ist eine erste Phase im höheren Alter selten.

Angst-Glücks-Psychose

Wie der Name sagt, bewegt sich die Krankheit, die hier zu beschreiben ist, zwischen den zwei Polen der *Angst* und des *Glücksgefühls.* Nach beiden Richtungen hin können extreme Grade der Affektivität erreicht werden, d. h., höchste Angst einerseits, Ekstase andererseits. Die Angstpsychosen sind viel häufiger als die Glückspsychosen, so daß viele Kranke trotz der grundsätzlich bipolaren Psychose nur Angstphasen bekommen.

Bei der Angstpsychose handelt es sich um eine *mißtrauische Angst,* die mit *Eigenbeziehungen* und häufig auch *Trugwahrnehmungen* einhergeht. Die Kranken glauben etwa, sie würden überwacht, man warte nur auf den richtigen Zeitpunkt, um sie zu verhaften und umzubringen; man verdächtige sie des Diebstahls, des Meineids, die Klinikärzte seien nur Beauftragte der Polizei und stellten ihnen Fallen usw. Sie können über sich sprechen hören, z. B. „Er hat sich verraten", – „morgen wird er erschossen", – „seine Zeit ist vorbei". Fast immer kommen *hypochondrische Erscheinungen* nicht nur in Form von Befürchtungen, sondern auch als körperliche Mißempfindungen hinzu. Der äußere Ausdruck der Angst ist bei den Kranken verschieden. Teils besteht eine *schwere Erregung,* indem sie klagen, flehen, sich anklammern, fortdrängen usw. Teils verharren sie in *ängstlicher Spannung,* in der sie ihr Schicksal erwarten.

Die Angst wechselt häufig an Intensität. Sie kann auch unvermittelt in das Gegenteil umschlagen und einem ekstatisch gehobenen Glücksgefühl Platz machen. Sogar ein *häufiger Wechsel* zwischen Angst und Ekstase ist nicht selten.

Wenn eine Phase durchgehend von ekstatischer Verstimmung beherrscht ist, dann handelt es sich um die *Glückspsychose.* Da die Ideen, die hier auftreten, durch nichts begründet sind als durch den pathologischen Affekt, sind die Kranken selbst oft außerstande, sie verstandesmäßig zu stützen und führen sie daher auf *Erleuchtungen* oder *Eingebungen* zurück. Regelmäßig haben die Ideen zugleich eine Selbstbeglückung und Beglückung anderer zum Inhalt. Die Kranken fühlen sich als Propheten, als Erlöser, als nationale Führer, d. h. immer nicht nur selbst mächtig, sondern auch als Helfer für andere. Sie tragen ihre Ideen oft mit Begeisterung vor, sprechen pathetisch, halten religiöse oder politische Reden. Auf der Höhe des Affekts erwarten sie oft unmittelbar ein großes Ereignis, z. B. das Anbrechen des jüngsten Tages. Visionen, in denen Gott oder Heilige erscheinen, sind häufig, auch die Stimme eines höheren Wesens kann in der Ekstase erscheinen. In dieser Stärke verharrt der Affekt meist nur kurze Zeit. Wenn man die Kranken nicht unmittelbar dabei beobachtet, sondern später nach ihren Erlebnissen fragt, dann können sie zunächst sogar ohne tiefere Affektregung davon berichten. Je mehr sie aber darüber sprechen, desto mehr kommen sie in die inzwischen nur abgesunkene Ekstase von neuem hinein und berichten mit zunehmender Ergriffenheit. Auch wenn sich der Affekt wirklich ausgeglichen hat, werden die Ideen meist noch kurze Zeit festgehalten.

Das gilt ebenso für die Angstideen, so daß man bei rasch wechselndem Affekt gelegentlich *Angst- und Glücksideen nebeneinander* findet. Sie verbinden sich in diesem Fall oft zur *Idee der Selbstopferung,* indem durch eigene Buße anderen das Glück gebracht werden soll.

Verwirrtheitpsychose

Bei der Verwirrtheitpsychose betrifft die Störung vorwiegend das Denken, das einerseits krankhaft *beschleunigt* und dadurch *inkohärent,* andererseits *verlangsamt* sein kann.

Die *Inkohärenz,* das führende Symptom der erregten Verwirrtheitspsychose, stellt etwas anderes dar als die Zusammenhanglosigkeit, die aus einer schweren Ideenflucht entstehen kann. In leichteren Fällen ist der Gedankengang bei der Verwirrtheitpsychose nicht ideenflüchtig, sondern es findet sich, wie ich das nenne, eine *Inkohärenz der Themenwahl.* Die Patienten sprechen ständig von Dingen, die nicht zur Sache gehören, erzählen etwa eine Geschichte aus ihrem Leben, dann etwas von den politischen Tagesereignissen, dann von den Vorgängen auf der Abteilung, obwohl sie niemand danach gefragt hat und sie selbst auch nicht zu erkennen geben, warum sie diese Erzählungen nun gerade jetzt, während man ein Gespräch über ihr Ergehen führen wollte, vorbringen. Sie behandeln ein Thema, das sie sich in dieser Weise gewählt haben, geordnet, doch hat das nächste, das sie beginnen, mit dem vorigen wie auch mit der allgemeinen Situation keinen Zusammenhang. Die verschiedenen Themen können auch assoziativ, d. h. ohne logische Linie miteinander verbunden sein, so daß eine *abschweifende Inkohärenz* entsteht. Hier könnte man an eine Ideenflucht denken, doch stellt man kein Weiterschweifen fest, sondern jedes Thema wird eine Zeitlang festgehalten. Bei der schweren Störung ist die Inkohärenz viel augenscheinlicher, es kann hier fast jeder Satz ohne Zusammenhang mit dem vorigen wie auch mit der Frage, die gestellt wurde, sein. Sowohl in leichten wie in schweren Fällen geht die Inkohärenz der Verwirrtheitspsychose mit einem *Rededrang* einher. Im folgenden Beispiel ist eine schwere Inkohärenz erkennbar:

„Man soll niemand fragen, so ein Elend, was man draußen sieht, ich soll sterben, ich war doch schon einmal hier in der Nervenklinik, das war kein Traum." (Wochentag?) „Ich muß erbrechen; wenn ich Ihnen Antwort geben soll, muß ich mich anziehen." (Tut Ihnen etwas weh?) „Doch, ich habe diese Woche das alles geträumt." (Welcher Monat jetzt?) „Bei Frau Sachs bin ich doch hingefallen und habe so geschrien meines Erachtens." (Monat?) „Das weiß ich nicht, da habe ich geschlafen, da war ich nicht bei mir, wie ich im Auto war, da hat man mir so weh getan." (Tut ihnen also etwas weh?) „Nein. Ich sehe aber sicher sehr häßlich aus. Gestern haben wir gerade noch gesprochen, und da haben wir gesagt: Da kommt das Schnäbelchen, das ist der böse Geist, der da draußen herumläuft." (Wie ging es Ihnen seit der letzten Entlassung?) „Ich habe mich extra angezogen, weil ich es gut machen wollte. Und da ist sicher draußen ein böser Geist. Ich suche das Geld, habe ich eben sagen wollen usw."

In Zusammenhang mit der Denkstörung kommt es bei der erregten Verwirrtheitspsychose häufig zu *Personenverkennungen,* indem Ärzte, Schwestern, Mitkranke mit Personen aus dem Bekanntenkreis der Patienten verwechselt werden. Absurde Verkennungen wie bei der phantastischen Paraphrenie gibt es dagegen nicht. Die *Stimmung* kann heiter oder auch gedrückt sein;

besonders charakteristisch ist eine Bereitschaft nach beiden Richtungen, d. h. eine Stimmungslabilität.

Im *gehemmten Stadium* der Verwirrtheitspsychose kommt es zum *Stupor* oder wenigstens zu einem substuporösen Verhalten, da die schwere Hemmung im Denken das sinnvolle Handeln weitgehend unmöglich macht. Die automatisch ablaufenden Bewegungen, die den täglichen Verrichtungen gelten, bleiben dagegen erhalten. Da das Sprechen nicht automatisiert ist, leidet es im Stupor besonders stark. Dementsprechend ist der *Mutismus* sein wesentlichstes Zeichen. Das Mienenspiel der Kranken zeigt meist *Ratlosigkeit,* die daher rührt, daß die Vorgänge der Umgebung infolge der Denkhemmung nicht mehr richtig aufgefaßt und beurteilt werden können. Wenn sich die Kranken sprachlich noch äußern, dann drückt sich die Ratlosigkeit auch in Worten aus wie: Sie kennten sich gar nicht mehr aus, alles komme ihnen so komisch vor. Meist bauen sich darauf *Beziehungs-* und *Bedeutungsideen* auf, indem hinter den harmlosen Vorgängen der Umgebung irgend etwas gesucht und vermutet wird. Wenn der Stupor jede sprachliche Äußerung verhindert, dann erfährt man erst nachträglich von ihren Ideen. Man erkennt aber meist doch noch am Mienenspiel, daß es sich um den *ratlosen Stupor* der gehemmten Verwirrtheitspsychose handelt.

Erregte und gehemmte Phasen können bei der Verwirrtheitspsychose einander abwechseln, es ist aber auch nicht selten, daß nur der eine Pol der Erkrankung ausgeprägt ist. Erregte Verwirrtheitspsychosen sind etwas häufiger als gehemmte.

Motilitätspsychose

Die Motilitätspsychose weist sich durch ihre *hyperkinetischen* und *akinetischen* Phasen als zykloide Psychose aus. Die *Hyperkinese* führt zu einer Steigerung der Reaktiv- und Expressivbewegungen, die im Gegensatz zu katatonen Erscheinungen einen natürlichen Ablauf behalten. Nur in höheren Graden der Erregung kann der Bewegungsablauf eckig werden, jedoch nie in einem Maße wie bei der periodischen Katatonie, zu der sonst eine Verwandtschaft besteht. Eine Motilitätspsychose mit vorherrschenden Expressivbewegungen kann sich etwa in folgender Weise darstellen:

Die Kranke wirft sich mit einem Schwung ins Bett, blickt dabei mit koketten Augen zur Seite, steht gleich wieder auf, macht eine spielerisch unwillige Miene, zieht die Brauen zusammen, lächelt aber gleich wieder freundlich, versteckt sich unter der Decke und blickt durch eine kleine Öffnung scherzhaft lächelnd hervor. Wühlt in ihren Haaren, hält flüchtig die Hand vors Gesicht, droht dann mit dem Zeigefinger, zupft an ihrem Hals herum, sagt unvermittelt: „So ähnliche Schwestern", hält die Hand an den Mund, als ob sie ein Lachen unterdrücken müßte, zuckt mit den Achseln usw. Die Ausdrucksbewegungen erschienen bei der Kranken alle etwas übertrieben, aber in ihrem Ablauf natürlich, oft sogar graziös.

Eine Motilitätspsychose mit vorherrschenden Reaktivbewegungen kann etwa folgende Gestaltung zeigen:

Bald liegt sie, bald sitzt sie, deckt sich auf, zeigte ihre Hose, faltet das Bettuch, nimmt eine Falte in den Mund, schlägt dem Arzt auf die Hände, sagt dazu ironisch: „Ach bitte schön", verdeckt das Gesicht, legt sich auf die Seite, schließt die Augen, spreizt die Finger. Die Reaktivbewegungen haben vielfach etwas Hastiges an sich, zeigen sonst aber wie die Expressivbewegungen einen natürlichen Ablauf.

Nimmt die Erregung schwerere Formen an, dann kommen auch *primitivere Bewegungen* hinzu, so ein Wälzen, Schlagen, Stoßen, Wippen, wobei keine Ähnlichkeit mit sinnvollen Bewegungen mehr erkennbar ist. Der Abwechslungsreichtum nimmt mit der Schwere der Erregung ab, gleiche Bewegungsformen können dann immer wiederkommen. Eine schwerste Erregung kann sich etwa in folgender Weise darstellen:

Die Patientin wirft sich im Bett herum, setzt sich auf und läßt sich wieder zurückfallen, schleudert die Bettdecke weg, klopft iterierend auf die Matratze, wirft die Beine in die Höhe, schlägt mit den Armen, reißt immer von neuem an ihren Haaren, wälzt sich ruckartig zur Seite und wieder zurück, wirft den Kopf in den Nacken, streckt schleudernd den einen Arm hoch usw. – Deutliche Verzerrungen fehlen auch bei solch schweren Hyperkinesen.

Zur Motilitätspsychose gehören keine sprachlichen Äußerungen, die Hyperkinese ist oft fast *stumm*. Es können aber auch kurze Redensarten, die keinen Zusammenhang haben, ausgerufen werden. Dann beteiligt sich das sprachliche Element an der Hyperkinese. Eine Inkohärenz mit kurzen Bemerkungen ohne Rededrang bedeutet also keinen Übergang zur Verwirrtheitspsychose.

In der *Akinese* können die Kranken völlig bewegungslos sein. Sie liegen dann da, reagieren auf nichts mehr und zeigen eine starre Miene. In leichteren Fällen von Akinese werden einzelne Bewegungen noch ausgeführt, doch zeigt die *Starrheit der Haltung* und *Mimik* an, daß nicht die Denkhemmung der Verwirrtheitspsychose vorliegt, sondern die Motorik selbst ergriffen ist. Unnatürliche Haltungen, die wir bei der periodischen Katatonie fanden, fehlen, die Psychomotorik ist nur allgemein herabgesetzt und erstarrt.

Die hyperkinetischen Phasen sind häufiger als die akinetischen, doch ziehen sich die letzteren meist länger hin. Hyperkinesen laufen gelegentlich sehr rasch ab, sie können auch *menstruell* auftreten und menstruell rezidivieren. Die Neigung zur *Periodizität* ist bei der Motilitätspsychose größer als bei der Verwirrtheitspsychose und Angst-Glücks-Psychose, wenn auch geringer als bei der manisch-depressiven Krankheit. Die ersten Phasen treten oft schon sehr früh auf, gelegentlich schon im 15. Lebensjahr.

Manisch-depressive Krankheit

Die beiden Pole, in denen die manisch-depressive Krankheit verlaufen kann, sind durch die *Manie* und die *Melancholie* gekennzeichnet. Beide Krankheitszustände zeigen Übergänge zu normalen Temperamentseigenschaften, d. h. der *hypomanischen* bzw. *subdepressiven* Wesensart.

Wegen dieser fließenden Übergänge bleiben die Symptome der Manie und der Melancholie für den normalen Menschen bis zu einem gewissen Grad verständlich. Er vermag sich in Stimmungen hineinzudenken, die an eine Manie anklingen, und in andere Stimmungen, die eine Melancholie aufleuchten lassen, er kann so die Psychosen, wenn sie nicht zu hohe Grade erreichen, nachfühlen. Insofern möchte man die manisch-depressive Psychose nicht als eine eigentliche Geisteskrankheit bezeichnen, sondern spricht lieber von einer *Gemütskrankheit.* Bei den eigentlichen Geisteskrankheiten, d. h. vor allem den Schizophrenien, die keine Beziehungen mehr zum Normalen haben, geht diese *Einfühlbarkeit,* die für eine grobe Beurteilung einer Psychose wichtig sein kann, verloren.

Bei der *Manie* ist in typischen Fällen die *Affektlage* nach der heiteren Seite hin verschoben, die *Willensabläufe* sind vermehrt, das Denken ist flüchtig.

Die gehobene Stimmung kann sich als *sorglose Heiterkeit* darstellen. Dann lassen sich die Kranken durch nichts beschweren, nehmen alles von der leichten Seite, greifen alles Angenehme auf und kosten es aus. In anderen Fällen ist die Gefühlslage nicht so fest und läßt sich von außen her erschüttern. Die Kranken werden dann gereizt, wenn etwas nicht nach ihrem Willen geht. Die Internierung in der Klinik, welche die Kranken in ihrer Geschäftigkeit erheblich einschränkt, läßt manchmal mehr die Gereiztheit als die Heiterkeit hervortreten. Das Vorliegen einer heiteren Sorglosigkeit beeinflußt die *ethische Haltung* der Kranken, normale Hemmungen kommen in Wegfall, sexuelle Entgleisungen, die nach Abklingen der Manie bereut werden, sind häufig.

Die Willenserregung führt zu einer *Vielgeschäftigkeit.* Die Kranken machen sich dauernd zu schaffen, alles, was ihnen in die Hände fällt, greifen sie auf und arbeiten irgendwie damit. Entsprechend beginnen sie auch unüberlegte Geschäfte, machen Einkäufe, die ungenügend begründet sind. Bei ihrer heiteren Sorglosigkeit vernachlässigen sie Nachteile und Gefahren und können so in kurzer Zeit ein Vermögen verschleudern. In der Klinik zeigt sich die Vielgeschäftigkeit darin, daß die Kranken überall dabei sind, sich in alles mischen und das große Wort führen. Ein *Rededrang* pflegt die Vielgeschäftigkeit zu begleiten; er kann unerschöpflich sein, so daß die Kranken ohne Pause sprechen, solange noch jemand hinhört. Ein lebhaftes Mienen- und Gestenspiel begleitet meist ihre Worte. Häufig ist eine Denkerregung für den Rededrang mitverantwortlich, es besteht in diesem Fall eine *Ideenflucht.*

Die Kranken gleiten vom Thema ab, verlieren den Faden, kommen vom Hundertsten ins Tausendste. Rein äußerliche Assoziationen bestimmen den Gedankengang. *Klangassoziationen* sind häufig. Auch zufällige äußere Eindrücke gewinnen einen abnormen Einfluß, so daß eine erhöhte *Ablenkbarkeit* entsteht. Was den Kranken in die Augen fällt, wird besprochen, was sie hören, greifen sie auf.

Im folgenden Beispiel ist die Ideenflucht in charakteristischer Weise erkennbar.

(Haben Sie Erscheinungen gehabt?) „Nein, ich habe einen schönen Schutzengel im Schlafzimmer, da heißt es immer: ‚Du hast ein Schlafzimmer wie eine Pfarrersfrau.' Der Pfarrer Schmidt hat mich getauft und konfirmiert, sein einer Sohn ist Frauenarzt in der Frauenklinik, der heißt Wilhelm, Sie werden entschuldigen, aber der Kaiser hieß auch Wilhelm. Mein Sohn ist Gärtner. Wenn man stirbt, braucht man Kränze. Seit Pfingsten bin ich hier. An Pfingsten ist der Heilige Geist über die Jünger ausgegossen worden. Mein Konfirmandenbüchlein habe ich jemand geliehen . . ."

Die Klangassoziationen sind am folgenden Beispiel erkennbar:

„Kennen Sie Kronberg? Krontal? Krontaler Wasser, Champagnerbrunnen, das Petribrünnchen in salzig. In Bad Nauheim bin ich auch gewesen."

Häufig tritt die Ideenflucht besonders deutlich hervor, wenn man eine Intelligenzfrage stellt und damit die Obervorstellung, die beachtet werden sollte, bestimmt. Dazu ein Beispiel:

(Keine Rose ohne Dornen?) „Das Leben ist ein Dornenweg, eine Hühnerleiter, wenn der Gickel kräht, macht er die Augen zu. Ich habe jetzt genug geschlafen, heute war so eine Unruhe, tun Sie mich auf eine andere Abteilung, oder lassen Sie mich nach Hause. Ich bin nicht krank, ich habe nur eine schiefe Nase, aber auf den Mund gefallen bin ich nicht."

Die heitere Stimmung, die Erleichterung der Willensabläufe, die Flüchtigkeit des Denkens, all das empfinden die Manischen nicht als krankhaft, sondern im Gegenteil als eine vorteilhafte Beschwingtheit. Sie fühlen sich daher meist kräftiger und gesünder als früher. Entsprechend überschätzen sie ihre Fähigkeiten und zeigen ein *erhöhtes Selbstbewußtsein.* Deutliche Größenideen können daraus entstehen, doch behalten diese meist etwas Spielerisches und werden von den Kranken selbst nicht ganz ernst genommen.

Stellt sich die Krankheit in dieser Weise dar, dann handelt es sich um eine *„flotte Manie"*, die meist unterhaltend und ansteckend auf die Umgebung wirkt. Häufig weicht die Gestaltung aber wesentlich von dieser Grundform ab. Tritt eine Gereiztheit nicht nur bei äußeren Widerständen auf, sondern herrscht sie auch sonst vor, dann spricht man von einer *gereizten Manie.* Häufig nimmt die Erregung des Denkens unter Ansteigen der Ideenflucht höhere Grade an. In den sprachlichen Äußerungen können außerdem Zwischenglieder, die im Denken noch vorhanden waren, verlorengehen, da die Zeit zur sprachlichen Formulierung nicht mehr ausreicht. Aus der Ideenflucht kann so nach außen hin eine Inkohärenz werden. Bei Krankheitsbildern dieser Art spricht man von *verworrener Manie.*

Körperlich ist das subjektive Gefühl der Kranken, gesund zu sein, tatsächlich begründet. Wenn die Erregung nicht zu groß ist und so an dem Ernährungszustand zehrt, dann blühen die Manischen oft körperlich auf, sie bekommen ein frisches Aussehen, einen guten Turgor der Haut und entwickeln den besten Appetit. Müdigkeit kennen sie nicht, Schlaf haben sie kaum nötig, morgens sind sie die ersten, die erscheinen, abends die letzten, die zur Ruhe gehen. Diese körperlichen Erscheinungen deuten darauf hin, daß die Krankheit in die *vegetativ-körperlichen* Gebiete hineinreicht.

Die *Melancholie* ist in allen Zügen das Gegenstück der Manie. *Die Stimmung ist nach der depressiven Seite hin verschoben, das Wollen und Handeln ebenso wie das Denken gehemmt.* Die depressive Stimmung führt dazu, daß das Leben seinen Reiz verliert. Alles erscheint düster und freudlos; was früher frohe Gefühle auslöste, ist jetzt ohne Wirkung. Dagegen bekommt das, was im Leben unangenehm ist, eine verstärkte Bedeutung, es scheint nur noch Leiden für den

Menschen zu geben, die Sorgen werden übermächtig. *Lebensüberdruß* ist der Ausdruck dieser Verstimmung und führt nicht selten zum *Suizid.* Bei schwerer Depression gehen die Kranken oft ganz unbedenklich in den Tod, da ihnen das Leben gar nichts mehr bedeutet.

Die *Willenshemmung* äußert sich darin, daß sich die Kranken langsam bewegen, langsam sprechen, daß sie überhaupt zu allen Handlungen längere Zeit brauchen als normal. Schon der Entschluß kommt erschwert in Gang. Zu der kleinsten Tätigkeit müssen die Kranken oft erst ihre ganze Willenskraft zusammennehmen. Sie klagen auch selbst sehr über ihre *Entschlußerschwerung,* ihre Aufgaben stehen wie Berge vor ihnen.

Die Willenshemmung ist oft schwer von der *Denkhemmung* zu trennen, denn verlangsamte Reaktionen können auf der einen wie der anderen Störung beruhen. Meist verbindet sich beides. Gelegentlich stellt man aber fest, daß die Unterhaltung mit den Kranken zunächst leidlich flüssig abläuft, also keine wesentliche Willenshemmung vorhanden sein kann, daß aber sofort größere Pausen eintreten, wenn für die Antwort erst ein Nachdenken erforderlich ist. Eine Intelligenzprüfung kann die Denkhemmung bestätigen, indem sie zeigt, daß die Kranken zu ihren Lösungen, die meist richtig ausfallen, längere Zeit brauchen als andere.

Aus der Willens- und Denkhemmung entsteht den Kranken das Gefühl der eigenen Unfähigkeit, das *Insuffizienzgefühl.* Dementsprechend geben sie an, nichts mehr zu können, nicht mehr arbeiten, nicht denken, überhaupt nichts mehr leisten zu können. In Zusammenhang mit der depressiven Stimmung, die das Unangenehme überbewerten läßt, entsteht häufig über das Insuffizienzgefühl hinaus noch ein *Minderwertigkeitsgefühl,* in welchem sich die Kranken mit moralischer Note Untauglichkeit vorwerfen. Noch deutlicher tritt dieser Zug hervor, wenn die für Melancholie besonders charakteristischen *Selbstvorwürfe* erscheinen. Hier werden Beschuldigungen der eigenen Person ausgesprochen, die objektiv keine Begründung besitzen. Kleine Fehler, die jeder Mensch begangen hat, erscheinen im subjektiven Urteil der Kranken plötzlich riesengroß. Angebliche oder auch wirkliche Jugendsünden können Jahrzehnte später den depressiven Kranken aufs schwerste belasten. Häufig nehmen die Selbstvorwürfe einen religiösen Charakter an, dann spricht man mehr noch als bei einfachen Selbstvorwürfen von *Versündigungsideen.* Die Kranken beschuldigen sich etwa, ihre kirchlichen Pflichten nicht erfüllt oder Gott beleidigt zu haben und ewige Verdammnis zu verdienen.

Gelegentlich nimmt die Ideenbildung eine besondere Färbung an. *Angstvorstellungen, hypochondrische Ideen, Entfremdungserscheinungen* können das Bild beherrschen. *Eigenbeziehungen* kommen vor. Solche Erscheinungen treten noch deutlicher bei den reinen Depressionen hervor und werden dort genauer zur Sprache kommen. Wenn andererseits *Zwangsgedanken* erscheinen, deren Grundlosigkeit die Kranken selbst erkennen, dann findet man meist, daß schon von jeher eine anankastische Wesensart bestanden hat, die in der Psychose nur stärker hervortritt. Die Erschwerung aller Abläufe in der melancholischen Hemmung ist wahrscheinlich dafür verantwortlich, daß Anankasten in der Depression den Abschluß aus Zweifeln, der ihnen auch sonst schon schwerfällt, nun erst recht nicht mehr finden können.

Der verworrenen Manie als einer besonders schwer erregten Form kann die *stuporöse Depression* als eine besonders schwer gehemmte Form gegenübergestellt werden. Aus dem Mienenspiel ist auch dann, wenn die Kranken nichts sprechen, die Depression zu erkennen. In der Regel werden aber immer wieder einmal einige Worte depressiven Inhalts geäußert. Die Unterscheidung gegen eine gehemmte Verwirrtheitspsychose kann bei einem völligen Mutismus schwierig sein, doch findet man mimisch in einem Fall die Depression, im anderen Fall die Ratlosigkeit.

Körperliche Erscheinungen begleiten auch die Melancholie. Der Schlaf ist schlecht, der Appetit fehlt, das Gewicht geht zurück, der Hautturgor schwindet, die Kranken sind gegen früher häufig kaum wiederzuerkennen. Besonders wenn sie nach einer Manie, in der sie blühend aussahen, depressiv werden, fällt die körperliche Veränderung oft sehr auf. Es ist dann, als ob die Kranken in kurzer Zeit um Jahre gealtert wären. Nach eigener Auffassung beruht dies darauf, daß im *vegetativen Nervensystem* eine Umstellung von einer Parasympathikuserregung auf eine Sympathikuserregung erfolgt. Eine Reihe von körperlichen Symptomen deutet darauf hin, wie in Gegenüberstellung von Melancholie und Manie erkennbar ist. Die *Tränensekretion* wird vom Parasympathikus gefördert, vom Sympathikus gehemmt. In der

Melancholie versiegt sie häufig. Die Kranken klagen dann darüber, daß sie nicht mehr weinen können, obwohl ihnen so traurig zumute sei. Fließen die Tränen wieder, ist im allgemeinen der Umschlag schon im Gange. In der Manie haben die Kranken dagegen dank der guten Anfeuchtung glänzende Augen. Die *Vasokonstriktoren* der Haut werden vom Sympathikus innerviert, die Vasodilatatoren vom Parasympathikus. Die Haut der Melancholischen ist dementsprechend blaß, die der Manischen rosig. Der Parasympathikus fördert die *Schweißsekretion,* während der Sympathikus sie hemmt. Melancholische haben meist eine trockene Haut, die sich leicht in Runzeln legt, während die Haut der Manischen eine natürliche Feuchtigkeit aufweist. Der Parasympathikus verlangsamt den *Pulsschlag*, der Sympathikus beschleunigt ihn. Bei den Manien und Melancholien findet man hier zwar keine einheitlichen Verhältnisse, aber jedenfalls ist der Puls in der Manie oft trotz der Erregung verlangsamt, in der Melancholie oft trotz der Hemmung beschleunigt. Die *Verdauungsdrüsen* arbeiten vorwiegend unter parasympathischem Einfluß, während der Sympathikus hemmend wirkt. Die vorzüglichen Verdauungsfunktionen der Manischen sprechen für ein gutes Arbeiten der Drüsen, das Daniederliegen bei den Melancholischen für eine schlechte Drüsentätigkeit. Die *Darmperistaltik* wird vom Parasympathikus angeregt, vom Sympathikus gehemmt. Die Melancholischen leiden dementsprechend fast immer an Verstopfung. Bei Manischen kommt zwar ebenfalls Obstipation vor, doch handelt es sich dabei nach eigenen Beobachtungen um eine spastische Form.

In dieser Art findet man die körperlichen Begleiterscheinungen nur in den meisten Formen von Melancholie bzw. Manie. Die Parallelität zwischen den seelischen und körperlichen Symptomen ist auch nicht durchgehend zu erwarten, sind doch schon im psychischen Bereich selbst die Symptome nicht immer nach dem gleichen Pol hingerichtet, wie wir gleich bei den *Mischzuständen* sehen werden. So könnte ausnahmsweise einmal durch ein Sympathikusübergewicht im Bereich des Zentralnervensystems eine Melancholie entstehen, während am übrigen Körper zur gleichen Zeit doch der Parasympathikus überwiegt.

Von einem *mansich-depressiven Mischzustand* spricht man dann, wenn sich manische und melancholische Symptome in einem Zustandsbild verbinden. Man beobachtet nicht selten, daß die seelischen Bereiche des Fühlens, Denkens und Wollens nicht im gleichen Sinne verändert sind, sondern ein gegensätzliches Verhalten zeigen. Kranke etwa, die eine schwere Hemmung bis zum Stupor aufweisen, können gleichzeitig einen freudig strahlenden Gesichtsausdruck haben. Dann handelt es sich um einen *manischen Stupor.* Der Gedankengang kann dabei im Sinne der Melancholie oder der Manie verändert sein. Im letzteren Fall enthalten die wenigen Worte, die gesprochen werden, ideenflüchtige Wendungen. Nachträglich bestätigen die Kranken gelegentlich, sie hätten außerordentlich viel denken müssen. Andererseits kann das Denken im manischen Stupor auch gehemmt sein, dann haben die Kranken nachher den Eindruck, sie hätten eigentlich gar nichts gedacht. In anderen Fällen geht eine Depression mit Erregung einher. Wenn gleichzeitig eine erhebliche Angst besteht, ist die Beurteilung schwierig, weil diese allein schon zu Erregung führen kann. Eine manische Erregung ist aber mit Sicherheit dann anzunehmen, wenn gleichzeitig Ideenflucht vorliegt. Solche *ideenflüchtig erregten Depressionen* kommen vor.

Häufiger noch als eine Verschiebung der seelischen Funktionen nach den entgegengesetzten Polen hin findet man eine Dissoziation nur in der Weise, daß sich ein seelisches Gebiet abnorm verhält, das andere dagegen normal geblieben ist. Man kann dann von *manisch-depressiven Teilzuständen* sprechen. Es kommt z. B. vor, daß eine schwere Hemmung im Rahmen einer manisch-depressiven Psychose besteht, während der Affekt gleichzeitig normal ist. Andererseits kann der Affekt nach der einen oder anderen Seite verschoben sein, ohne daß Denken und Psychomotorik etwas Abnormes zeigen.

Die manisch-depressiven Misch- und Teilzustände zeigen schon, wie labil bei der Krankheit die Ausrichtung nach einem der beiden Pole ist. Man erkennt dies noch viel häufiger daran, daß die Manien und Melancholien auch *in ihrer Tiefe sehr schwanken.* Man kann Melancholische an einem Tag tief depressiv, am anderen fast aufgeheitert antreffen. Darüber hinaus lassen sie sich oft unmittelbar aus ihrer Depression herausführen, wenn man aufmunternde Gespräche mit ihnen führt. Es kann vorkommen, daß sie nach anfänglicher tiefer Verstimmung schließlich mitlachen, ja, daß sie nach solch einer Ermunterung geradezu hypomanisch lebhaft werden.

Nach Aufhören der äußeren Anregung fallen sie dann in ihre Depression zurück. Man erkennt hier besonders deutlich, daß der *Gegenpol anspricht.* Ganz anders werden wir es bei den monopolaren Depressionen finden. In dieser Weise kann man oft schon allein an der Labilität der Depression die Zugehörigkeit zur manisch-depressiven Krankheit erkennen. Manien außerhalb der manisch-depressiven Krankheit zeigen entsprechend keine Neigung zu vorübergehender Traurigkeit oder Rührseligkeit.

Etwas anderes stellen die *Tagesschwankungen* der endogenen Depressionen dar. Die Beobachtung, daß die Stimmung am Nachmittag besser ist als am Morgen, kann man auch bei den monopolaren Formen machen. Es besteht eine Parallele zur normalen Stimmungslage, die bei vielen Menschen abends besser ist als morgens.

Die manisch-depressive Krankheit verläuft in *Phasen,* die in jedem Fall heilbar sind, aber wiederkommen können. Die Melancholien dauern in der Regel ½ bis ¾ Jahr; manchmal klingen sie rascher ab, besonders wenn sie leichterer Natur sind, gelegentlich dauern sie aber auch viel länger. Vor allem im vorgeschrittenen Alter können sie sich jahrelang hinziehen. Manien sind im Durchschnitt deutlich kürzer als Melancholien, selten dauern sie länger als ½ Jahr, aber sie können ebenfalls ausnahmsweise viel länger dauern. Ja, es gibt eine *chronische Manie,* die überhaupt nicht mehr abklingt. Schon die erste Phase kann chronisch werden, oft sind aber auch manische Phasen, die in der üblichen Weise abklangen, vorausgegangen. Im anderen Extrem des Verlaufs sind die manischen oder depressiven Verstimmungen so flüchtig, daß die Grenze gegen die *zyklothyme Psychopathie* unsicher wird.

Manien und Melancholien können sich im Verlauf abwechseln, so daß die Bipolarität des Leidens sofort erkennbar wird. Die Krankheit tritt aber nicht selten nur in Form von Manien oder nur in Form von Melancholien auf. Im ganzen sind die *depressiven Phasen viel häufiger* als die manischen, jedenfalls in unseren Industrieländern. Wenn eine Krankheit einpolig verläuft, dann kann die Labilität des Zustands, wie wir eben sahen, auf die Zweipoligkeit hinweisen. Oft deutet sich auch in der Temperamentsart des Kranken selbst der Gegenpol an, indem etwa eine hypomanische Persönlichkeit periodisch an Melancholien erkrankt. Ferner kann bei Erkrankungen in der *Verwandtschaft* der Gegenpol hervortreten.

Die Neigung zur *Periodizität* ist bei der manisch-depressiven Krankheit sehr groß. Manchmal folgt über viele Jahre hin eine Phase der anderen. Im Einzelfall kann man aber nie voraussehen, wie die Entwicklung sein wird; ob manische oder depressive Phasen vorherrschen werden, ob es sich um viele Phasen handeln wird oder ob es vielleicht, was auch vorkommt, bei einer einzigen Phase bleibt. Der erste Krankheitsanfall tritt sehr selten schon in der Kindheit auf, sonst kann er in jedem, vorwiegend aber doch im jugendlichen Lebensalter liegen.

In ihrem *Körperbau* neigen Manisch-depressive zum Pyknischen, wenn auch andere körperliche Konstitutionen nicht selten sind.

Reine Manie und reine Melancholie

Manische und melancholische Zustände gehören nicht immer der manisch-depressiven Krankheit an, vielmehr gibt es auch Manien und Melancholien, die ihrem Wesen nach *monopolar* sind, bei denen die Bereitschaft zum Gegenpol fehlt. Auch in der Verwandtschaft findet man hier nur gleichartige Zustände, keine gegenpoligen. Diese Manien und Melancholien sind *„rein“*, d. h. sie lassen nicht nur die Neigung zum Gegenpol vermissen, sondern zeigen darüber hinaus fest umgrenzte Zustandsbilder. Während man bei der manisch-depressiven Krankheit Bilder findet, die in vielfacher Weise von den Grundformen abweichen, etwa verworrene oder gereizte Manien, stuporöse Depressionen, Gestaltungen mit viel Angstvorstellungen, hypochondrischen Ideen, Eigenbeziehungen, Entfremdungserscheinungen, sind bei der reinen Manie und bei der reinen Melancholie nur die Grundsymptome vorhanden.

Bei der *reinen Manie* findet man eine heitere Stimmung, eine Vielgeschäftigkeit und eine Ideenflucht gleichmäßig ausgeprägt. Das Selbstbewußtsein ist häufig stärker betont als bei den

Manien der manisch-depressiven Krankheit, wahrscheinlich, weil die heitere Stimmung von größerer Dauerhaftigkeit ist, d. h. nicht durch depressive Anwandlungen beeinträchtigt wird. Dementsprechend können Größenideen stärker hervortreten.

Die *reine Melancholie* andererseits zeichnet sich durch gedrückte Stimmung, Denkhemmung und psychomotorische Hemmung aus. Depressive Ideen jeder Art, wie wir sie bei den reinen Depressionen noch genauer kennenlernen werden, können zwar hinzutreten, aber sie beherrschen nie das Bild; oft sind sie auch nur angedeutet. Die Hemmung erreicht nie Grade wie bei der stuporösen Depression. So ergibt sich, daß die depressiven Kranken etwas gehemmt sind, sich langsam bewegen, wenig sprechen, wenig Mienen und Gesten zeigen und nur spärliche Ideen äußern. Durch äußere Anregung, die wir bei der manisch-depressiven Krankheit wirksam sahen, läßt sich der Zustand nicht ändern. Man kann den Eindruck gewinnen, daß die Depression dieser stillen Kranken nicht sehr tief gehe, doch ist ihre *Selbstmordneigung* recht groß.

Die Tendenz zur *Periodizität* ist bei der reinen Manie und der reinen Melancholie erheblich geringer als bei der manisch-depressiven Krankheit, die einzelnen Phasen dauern aber oft länger. Auch *chronische Verläufe* sind hier nicht so selten. Es gibt ferner Fälle, bei denen man die Dauer der Phasen schwer bestimmen kann, weil sie fließend in *Dauerhaltungen des Temperaments* übergehen können. Bei der reinen Manie findet man außerhalb der eigentlichen Krankheit mit Vorliebe ein *hypomanisches Temperament,* bei der reinen Melancholie ein *subdepressives Temperament.*

Die reine Manie ist selten, die reine Melancholie tritt aber an Häufigkeit gegenüber den Depressionen der manisch-depressiven Krankheit nicht allzusehr zurück. Die *erbliche Belastung* ist bei den reinen Formen bedeutend geringer als bei der manisch-depressiven Krankheit.

Reine Depressionen und reine Euphorien

Während bei der reinen Melancholie zur Stimmungsanomalie eine Hemmung im Denken und Handeln kommt, beschränkt sich die Krankheit bei den *reinen Depressionen* auf die Veränderung der Stimmungslage. Die Kranken bewegen sich dementsprechend frei und antworten flüssig. Es kommt hinzu, daß ihre Verstimmungen elektiv nur *bestimmte Gefühlsschichten* betreffen, so daß sie sich charakteristisch verschieden darstellen und unterschiedliche Ideenbildungen nach sich ziehen. Die Einzelbilder sind *rein,* d. h. scharf umschrieben, und gehen nicht ineinander über. Die reinen Depressionen sind einzeln verhältnismäßig selten, zusammengenommen aber häufiger als die reine Melancholie.

Die *reinen Euphorien* sind besonders selten und praktisch nicht wichtig, theoretisch aber doch von großem Interesse. Auch hier beschränkt sich die Störung auf die Gefühslage, es fehlt also die Erregung im Handeln und Denken. Die Verschiedenheit der einzelnen Formen weist wieder auf ein elektives Ergriffensein der einen oder anderen Gefühlsschicht hin.

Die *erbliche Belastung* ist auch bei den reinen Depressionen und reinen Euphorien viel geringer als bei der manisch-depressiven Krankheit. Die Zahl der Phasen ist kleiner, sie dauern aber oft länger. Die Verhältnisse liegen ähnlich wie bei der reinen Melancholie und reinen Manie. Auch ausgesprochen chronische Verläufe kommen wieder vor. Dadurch ergibt sich aber kein Übergang zu unheilbaren Formen, da sich niemals ein Defekt herausbildet und auch nach langer Dauer jederzeit noch die völlige Heilung eintreten kann.

Die *gehetzte Depression,* an die man auch denkt, wenn man von agitierter Depression spricht, ist durch eine schwere, *anhaltende Unruhe* gekennzeichnet. Mit dem Ausdruck einer ängstlichen Gequältheit laufen die Kranken im Saal hin und her, jammern, stöhnen, bitten um Hilfe. Sie klagen etwa: „Wäre ich doch nicht krank geworden, das halte ich doch nicht aus. Wie konnte das kommen, ich habe doch nichts Unrechtes gemacht. Helfen Sie mir, ich kann das nicht ertragen!“ Meist sind die Klagen sehr einförmig, es kann eine einzige Äußerung sein, die in klagendem Ton ständig wiederholt wird: „Helfen Sie mir doch, helfen Sie mir doch!“ Oder

„Komm ich denn nicht mehr heraus! Komm ich denn nicht mehr heraus!“ Oder: „Ich muß ersticken, ich muß ersticken!“ Es kann auch sein, daß immer nur mit dem gleichen Wort geklagt wird: „Furchtbar, schrecklich, furchtbar, furchtbar!“ Ja, es kommt vor, daß nur ein stöhnender Laut in ununterbrochener Folge ausgestoßen wird. Wenn man die Kranken nach Angst fragt, dann bejahen sie und verweisen oft auch auf einen Druck auf der Brust. Man kann aber nur sehr bedingt einen Vergleich mit einer normalen Angst ziehen. Ein Kranker äußerte: „Das ist doch keine Angst, das ist doch viel mehr als Angst.“ Der Zustand ist auch anders, als wir ihn bei der Angstpsychose kennengelernt haben. Dort ist die Angst mit Eigenbeziehungen verbunden, indem die Vorgänge ängstlich umgedeutet werden, bei der gehetzten Depression ist sie inhaltslos. Wenn doch eine krankhafte Vorstellung auftaucht, dann scheinen sich die Kranken nur selbst gewisse Begründungen für ihren quälenden Zustand zu suchen. So können in ihren Klagen Selbstvorwürfe erscheinen: „Hätte ich doch nicht gelogen, hätte ich doch auf meinen Mann gehört“, usw. Mit den Selbstvorwürfen, die wir gleich bei einer anderen reinen Depression kennenlernen werden, haben solche Äußerungen, die ähnlich einförmig wie andere Klagen ausgestoßen werden können, wenig zu tun.

Von charakteristischer Art ist die *Selbstgefährdung* der gehetzt Depressiven. Sie haben in ihrer allgemeinen Angst auch Angst vor dem Tod, andererseits ist ihnen ihr Zustand oft unerträglich. So können sie in einer verzweifelten Aufwallung, einem *„Raptus melancholicus“*, wie man sagt, Selbstmord begehen. Sie können auch bitten, ihnen den Tod zu geben: „Schießt mich doch tot, laßt mich doch nicht so leiden!“ Die Kranken der reinen Melancholie mit ihrer stillen, gehemmten Art verhalten sich hier ganz anders. Sie nehmen sich oft ohne jede äußere Erregung das Leben, das ihnen völlig wertlos geworden ist.

In ihrem Klagen lassen sich die gehetzt Depressiven nicht unterbrechen, sie klagen vielmehr erst recht, wenn man es versucht. Sie lassen sich auch nicht ablenken und antworten nur ungern auf Fragen, die nicht unmittelbar ihren Zustand betreffen. Wenn ihre Gequältheit nicht allzusehr hervortritt, kann man dadurch den Eindruck einer eigensinnigen Unbeeinflußbarkeit bekommen. Das trifft vor allem dann zu, wenn die Kranken in einer allgemein störenden Weise stöhnen und es erst recht tun, wenn man sie bittet, im Interesse der anderen Patienten ruhig zu sein. Ist die Angst geringer, dann können die einförmigen Klagen und Bitten auch direkt *querulatorisch* wirken, indem etwa in ganz stereotyper Weise um eine Unterredung oder um die Entlassung gebeten wird. Solche Zustände leichterer gehetzter Depression ziehen sich oft lange hin und werden wegen der Einförmigkeit oft zu Unrecht im Sinne eines Defekts gedeutet. Tatsächlich heilen sie schließlich doch aus.

Im Gegensatz zu der inhaltlosen Angst der gehetzt Depressiven scheint sich der Affekt bei der *selbstquälerischen Depression* erst *durch die Ideen zu erfüllen*. Wenn die Kranken diese äußern, werden sie erregt, wenn man ihnen widerspricht, ergehen sie sich erst recht in ihren Beteuerungen. Dagegen sinken sie in sich zurück und werden still, wenn sie nicht mehr angeregt werden und keine Gelegenheit haben, ihre Ideen vorzubringen. Während gehetzt Depressive in einer anhaltenden, getriebenen Unruhe sind, steigern sich die Kranken der Form, um die es jetzt geht, erst unter Äußerung ihrer depressiven Vorstellungen immer mehr in eine Erregung hinein. Da es sich dabei um sehr quälende Gedanken handelt, sieht es so aus, als wollten sie sich mit ihren Beteuerungen selbst quälen.

Es handelt sich vorwiegend um Ideen der *Selbstentwertung*. Die Kranken nennen sich schlecht, faul, unfähig; sie behaupten, sie hätten noch nichts Ordentliches geleistet, man habe sie ganz zu Unrecht besser eingeschätzt. Mit den *Minderwertigkeitsideen* dieser und ähnlicher Art mischen sich *Selbstvorwürfe* und *Versündigungsideen*. Es werden kleine oder auch nur vermeintliche Fehler als schwere Vergehen hingestellt, z. B. eine kleine Unredlichkeit, die Jahre oder Jahrzehnte zurückliegt, oder eine angebliche Nachlässigkeit gegen einen Familienangehörigen. Eine Mutter, die nach besten Kräften für ihre Familie gesorgt hat, kann erklären, sie habe sich schwer an ihrem Mann und ihren Kindern versündigt, sie könne das nie wiedergutmachen. An die Selbstvorwürfe knüpfen sich *Befürchtungen*, einer schweren Strafe entgegenzugehen, die aber als berechtigt angesehen wird. Oft wird weniger für die eigene Person als für die Angehörigen schweres Leid befürchtet.

Mit Vorliebe gehen die Kranken mit ihren Vorstellungen ins *Maßlose*, sie seien Verbrecher, verworfene Menschen, hätten über die ganze Welt Unglück gebracht, seien gar nicht wert, daß man ihnen noch die Hand gebe. Sie sähen der Todesstrafe und der ewigen Verdammnis entgegen, die unschuldigen Angehörigen müßten schrecklicherweise mit ihnen leiden, die Kinder werde man umbringen. Den Hinweis, daß sie krank seien, lehnen die Patienten mit Nachdruck ab, sie seien nicht krank, sondern nur schlecht.

Manchmal glauben sie am Benehmen anderer Menschen die Verachtung zu erkennen, die man ihnen entgegenbringe. Insofern können *Beziehungsideen* bestehen, die ihrem Inhalt nach aber nur die Minderwertigkeitsideen betonen und keine selbständige Bedeutung haben. Bei der folgenden Form reiner Depression ist das ganz anders.

Es handelt sich um die *argwöhnische Depression,* bei der die *Eigenbeziehungen* das Bild völlig beherrschen. Die depressiven Ideen stehen hier von Anfang an in Beziehung zur Umwelt, mögen sie im einzelnen nach dieser oder jener Richtung gehen. Es können Minderwertigkeitsideen sein, doch fühlen sich die Kranken nicht in erster Linie schlecht, um nur nebenher oder nachträglich auch bei den Personen der Umgebung eine Verachtung zu bemerken, sondern das vermeintliche verächtliche Verhalten der Umgebung stellt selbst schon den Inhalt der Minderwertigkeitsidee dar. Ob sich der Kranke selbst so schlecht einschätzt, wie es die anderen seiner Idee zufolge tun, das braucht gar nicht klar zu sein. Es entspricht aber der depressiven Haltung der Kranken, daß sie den anderen mehr oder weniger recht geben und ihnen nicht feind sind, wie es bei Beziehungsideen Schizophrener die Regel ist. Mehr als Minderwertigkeit und Schuld haben die Eigenbeziehungen eine Bedrohung zum Inhalt. Ein argwöhnisch Depressiver kann äußern, die Polizei sei hinter ihm her, die Leute sagten ihm nach, er habe gestohlen, es führen öfter Autos bei der Wohnung vor, vermutlich um ihn zu beobachten oder abzuholen. Auch aus der Zeitung oder aus dem Radio sehen und hören die Patienten, daß man sie bedroht oder ihnen dieses und jenes schlechte Verhalten vorwirft.

Da Beziehungsideen auch sonst bei endogenen Psychosen häufig sind, kann es schwierig sein, die Annahme einer argwöhnischen Depression zu sichern. Vor allem ist eine Verwechslung mit der *Angstpsychose* möglich, die jedoch im allgemeinen mit einer tieferen Angst und äußerlich mit ängstlicher Erregung oder ängstlicher Erstarrung einhergeht, während die argwöhnisch depressiven Kranken ein ruhiges Allgemeinverhalten zeigen.

In einer durchaus anderen Ebene des Affekts spielt sich die *hypochondrische Depression* ab. Die Auffassung, daß bei den reinen Formen elektiv bestimmte Gefühlsschichten erkranken, wird durch die hypochondrische Depression, bei der es sich um die Schicht der Körpergefühle handeln muß, besonders klar bestätigt. Minderwertigkeitsideen, Selbstvorwürfe, Beziehungsideen fehlen oder deuten sich höchstens an. Dagegen werden die mannigfachsten körperlichen Beschwerden vorgebracht: Es kann z. B. geäußert werden.:

Im Gesicht kribbelt es, der Kopf brennt, als ob er absterben sollte, die Nerven zucken, als wenn das Blut nicht durchginge; unter dem Rippenbogen und im Unterleib sind Schmerzen; an der Herzspitze gluckert es; die Beine werden heiß und kalt, die Finger ganz steif.

Es können auch höchst merkwürdige Angaben erscheinen:

Der Körper ist innerlich vertrocknet, in den Beinen ist ein schmerzhaftes Gefühl, als ob jemand innerlich anfaßte und wieder losließe, die Speiseröhre drückt sich auseinander, im Brustkorb ist alles zu groß, die Bauchspeicheldrüse setzt aus, in der Nierengegend ist ein Gefühl, als ob ein Stein dort läge, der ganze Leib liegt wie tot da.

Solche Äußerungen sind nicht, wie man manchmal meint, auf eine Schizophrenie verdächtig, sofern die Mißempfindungen vom Kranken selbst als Ausdruck einer Krankheit und nicht als eine Einwirkung von außen angesehen werden. Dieser Unterschied zwischen *hypochondrischen Mißempfindungen* und den schizophrenen *Halluzinationen der Körpergefühlssphäre* ist außerordentlich wichtig. Die Schilderung der Sensation selbst kann dagegen ähnlich sein.

Mit der erwähnten Klage, der Leib sei wie tot, deutet sich an, daß der Körper nicht irgendwie schmerzt, sondern dem subjektiven Empfinden der Kranken *entfremdet* wird. Sie spüren, wie sie angeben können, ihre Arme, ihre Beine nicht mehr richtig, sie haben das Gefühl, als ob ihre Glieder nicht mehr zu ihnen gehörten. Noch häufiger ist es ihnen, als ob die inneren Organe nicht mehr arbeiteten, als ob diese abgestorben wären. Das Gefühl der Entfremdung kann sich ausweiten, indem manche Kranke behaupten, sie könnten nicht mehr normal wahrnehmen, nicht mehr schmecken und riechen. Da sie die höheren Sinne des Sehens und Hörens seltener nennen, erkennt man, daß es um eine Störung von Gefühlsqualitäten geht. Manchmal geben die Kranken auch an, sich nichts mehr vorstellen zu können. Es scheint von individuellen Bereitschaften abzuhängen, ob ein hypochondrisch Depressiver nur Beschwerden hat oder zugleich das Gefühl der Entfremdung seines Körpers.

An die Mißempfindungen knüpft sich häufig die *Befürchtung,* ein schweres körperliches Leiden zu haben, doch kann diese Verarbeitung auch ausbleiben. Sie ist in jedem Fall sekundär, während die neurotischen Hypochonder umgekehrt erst die Befürchtung haben und dann ihre Beschwerden bekommen.

Die hypochondrisch Depressiven *klagen* meist sehr viel, sie berichten dauernd von ihren Beschwerden und bitten immer von neuem um Abhilfe. Die Stimmung ist deutlich gequält, jedoch nicht in einem Maße wie bei den Kranken mit gehetzter Depression, an die sie mit ihrem Klagen erinnern können. Gemeinsam kann beiden das Gefühl der Beklemmung auf der Brust sein, zu dem bei der hypochondrischen Depression aber immer Beschwerden an anderen Körperstellen hinzukommen.

Von anderer Art als oben geschildert ist die Entfremdung bei einer weiteren Form, nämlich der *teilnahmsarmen Depression.* Sie steht hier im Mittelpunkt des Symptombildes. Betroffen ist aber nicht die Sphäre des Körpergefühls, sondern eine höhere Gefühlssphäre. Obwohl die Kranken in ihrer depressiven Art eher tiefer zu empfinden scheinen als Gesunde, klagen sie selbst über eine *Verarmung ihres Gefühlslebens.* Sie äußern, nicht mehr mitempfinden, innerlich an nichts mehr teilnehmen zu können; wie es ihren Angehörigen, ihren Kindern gehe, das berühre sie nicht mehr; nicht nur Freude, sondern auch Leid dringe nicht mehr in ihr Inneres; wenn die Mutter krank wäre, würden sie darüber keine Traurigkeit empfinden. Daß es sich nicht um eine echte Verflachung des Gefühlslebens handelt, erkennt man daran, daß die Kranken sehr unter ihrem Zustand leiden und sehr eindringlich darüber zu klagen pflegen. Ein Patient erklärte: „Ich habe keine menschlichen Gefühle mehr, das ist die schlimmste Krankheit, die es gibt.“ Trotzdem ist bei den eindeutigen Angaben der Kranken nicht daran zu zweifeln, daß in ihrem höheren Gefühlsleben irgendwie eine Dämpfung vorliegt, die man als *Teilnahmsarmut* bezeichnen kann.

Manche Kranken klagen noch mehr als über ihre Gefühllosigkeit über eine *Interessenlosigkeit* und einen *Mangel an Willenskraft.* Hier kann man auch objektiv bestätigen, daß sie ohne äußere Anregung nichts unternehmen, keine Beschäftigung und keine Unterhaltung suchen. Erst wenn man auf ihre krankhaften Erlebnisse zu sprechen kommt, erwachen sie aus ihrer Teilnahmslosigkeit, werden lebhaft und können nun sogar in etwas hastiger Unruhe von ihrer subjektiven Gefühllosigkeit berichten. Sie erinnern insofern an die selbstquälerisch Depressiven, die auch nur dann lebhaft werden, wenn sie von ihren krankhaften Ideen sprechen.

Die Entfremdung erfolgt bei der teilnahmsarmen Depression gegenüber höheren Gefühlswerten, dagegen bleibt das Gefühl für den Körper ungestört. Auch das einfache Wahrnehmen wird nicht als verändert empfunden. Die Entfremdung kann sich jedoch auch bei diesen Kranken dahin ausweiten, daß sie angeben, nichts mehr denken, sich nichts mehr vorstellen zu können. Ferner kommt es sowohl bei den teilnahmsarmen als auch bei den hypochondrischen Depressiven gelegentlich dahin, daß sie sich insgesamt anders vorkommen, als sie früher waren. Sie äußern dann etwa, sie seien nicht mehr die gleichen Menschen, sie seien gar nicht mehr sie selbst. In diesem Fall spricht man von *Depersonalisation.* Sie hat nichts mit den Veränderungsideen der Schizophrenen zu tun, bei denen nicht die eigene Person, sondern im Gegenteil die Umwelt als verändert empfunden wird.

Den reinen Depressionen stehen *reine Euphorien* gegenüber. Am häufigsten beobachtet man die *hypochondrische Euphorie,* bei der die gleichen Beschwerden geäußert werden wie bei der Depression, jedoch eigenartigerweise bei heiterer Allgemeinstimmung. Vielleicht gibt es entsprechend der teilnahmsarmen Depression auch eine *teilnahmsarme Euphorie.* Bei der *konfabulatorischen Euphorie* werden phantastische Geschichten freudigen oder sensationellen Inhalts erzählt, bei der *schwärmerischen Euphorie* findet man Beglückungsideen ähnlich wie bei der Glückspsychose, ohne daß sonst etwas auf eine zykloide Psychose hindeutet. Wahrscheinlich ist die konfabulatorische Euphorie, die gerade das Denken einbezieht, der argwöhnischen Depression gegenüberzustellen, die schwärmerische Euphorie der selbstquälerischen Depression, indem dort die Selbstentwertung und angebliche Schuld am Mitmenschen, hier die Selbsterhöhung und die angebliche Beglückung der anderen das Bild beherrschen. Der gehetzten Depression schließlich entspricht im Gegenpol eine *unproduktive Euphorie,* die mit einer inhaltslosen Freudigkeit einhergeht.

Abnorme Persönlichkeitsstrukturen

Nach Kraepelin hat sich neben vielen anderen vor allem Kurt Schneider mit der Charakterisierung und Einteilung der abnormen Persönlichkeiten beschäftigt. Allgemeine Zustimmung hat in der deutschen Psychiatrie seine Definition gefunden, wonach man unter Psychopathen Menschen versteht, die in ihrem psychischen Verhalten nicht nur vom Durchschnitt abweichen, sondern auf Grund ihrer Eigenart selbst leiden oder ihre Umgebung leiden lassen. Da sie im zweiten Fall viel stärker in Erscheinung treten, hat der Begriff der Psychopathie großenteils einen negativen Wertakzent erhalten. In der anglo-amerikanischen Literatur wird der Begriff „Psychopathie" sogar ausdrücklich auf Menschen bezogen, die sich sozial nicht anzupassen vermögen. Dem Begriff wird dadurch eine moralische Wertung beigegeben, die wissenschaftlich nicht zu rechtfertigen ist. Tatsächlich kann der gleiche Psychopath, welcher der Gesellschaft zur Last fällt, ein wertvolles Glied derselben werden, wenn er die Position gefunden hat, die seiner Eigenart angepaßt ist. Das kann man fast bei allen Abnormitäten der Persönlichkeit sagen. Der *Anankast* neigt nicht nur zu zwangsneurotischen Symptomen, sondern kann durch seine Gewissenhaftigkeit ein besonders zuverlässiges Glied der Gesellschaft sein; der *Paranoide* tendiert nicht nur zu Empfindlichkeit, Streitsucht und Überheblichkeit, sondern kann durch sein ehrgeiziges Streben zu hervorragenden Leistungen kommen; der *Hypomanische* ist nicht nur in Gefahr, sich in seiner Vielgeschäftigkeit zu zersplittern, sein unermüdlicher Tatendrang kann auch bedeutende Werte schaffen; der *Hysteriker* macht sich nicht nur durch pathologische Schwindeleien unliebsam bemerkbar, sondern er kann seine Neigung, sich in eine Phantasiewelt zu begeben, auch in künstlerischen Leistungen verwirklichen; der *Emotive* ist nicht nur zu reaktiven Verstimmungen aus ungenügendem Anlaß disponiert, sondern er pflegt mit seinem weicheren Gemüt zugleich sozialer zu empfinden als andere.

Es kommt nur zu einem Teil auf den *Grad des psychopathischen Zugs* an, wenn er hier soziale, dort asoziale Wirkungen hat. An einer ungeeigneten Stelle kann ein Mensch schon mit einer leichten Abnormität versagen, während ein schwer Abnormer in einer ihm und seiner Eigenart ganz besonders zusagenden Position vielleicht Überdurchschnittliches leistet. So besteht kein grundsätzlicher Unterschied zwischen den Menschen, die sich oder anderen zur Last fallen, und den anderen, die von der gleichen Art sind, aber eine günstigere Position im Leben gefunden haben und sich darin bewähren. In ganz anderer Form ist eine Trennung dagegen im Bereich der *Neurosen* möglich, indem Menschen gleicher Wesensart je nach äußeren Umständen gesund bleiben oder neurotisch werden können. Die Neurose stellt in ihrem Ablauf einen krankhaften Zustand dar, der durch die äußeren Umstände bestimmt oder mitbestimmt wird, unter Psychopathie dagegen versteht man einen *Dauerzustand der Persönlichkeit,* der nicht in Abhängigkeit von äußeren Ereignissen kommen und wieder gehen kann.

Worin die *Grundlage der Psychopathie* besteht, ist damit nicht gesagt. Man streitet sich darüber, ob sie konstitutionell, d. h. im wesentlichen doch erbbedingt ist, oder ob sie durch die Eindrücke der frühen Kindheit entsteht. Soweit das letztere zutrifft, darf man nicht an einmalige Ereignisse denken, mögen diese auch sehr einschneidend gewesen sein, sondern nur an anhaltende Einwirkungen ungünstiger Art. Bei einem Anankasten, der einen ebenso anankastischen Vater hat, kann man sich fragen, ob er seine Eigenart als Anlage vom Vater übernommen hat oder ob ihm dessen nachhaltige erzieherische Einwirkungen die gleiche Wesensart eingeprägt haben.

Zu den abnormen Persönlichkeiten rechnet man auch die Menschen, die im *Sexuellen* eine Auffälligkeit oder, wie man bei groben Abweichungen sagt, eine *Perversion* zeigen. Häufig haben sie auch in ihrem sonstigen Verhalten Auffälligkeiten, doch ist das nicht grundsätzlich nötig. Die sexuelle Störung kann ganz eigener Natur sein und wird uns daher gesondert beschäftigen.

Abnorme und akzentuierte Persönlichkeiten

Wenn ich die Abnormitäten der Persönlichkeiten darstelle, so kommt es mir nicht nur auf die groben Formen an. Bei den Neurosen wird sich ergeben, daß es wichtig ist, gerade *leichte Auffälligkeiten* zu erkennen, da die Art der Therapie darauf abzustellen ist. Ich muß somit auch Wesenszüge ins Auge fassen, die man gar nicht als abnorm auffassen kann, die aber doch dem entsprechen, was bei deutlicherer Ausprägung abnorm ist. Ich spreche bei Menschen mit solchen *akzentuierenden* Zügen von *akzentuierten Persönlichkeiten,* um zum Ausdruck zu bringen, daß sie eine individuelle Eigenart haben, die man bei Beurteilung einer Neurose nicht übersehen darf, die aber selbst nicht abnorm ist. Man stößt von hier aus nochmals auf die Tatsache, daß den psychopathischen Zügen nicht generell eine negative Wertung zukommt. In genügender Verdünnung geben sie dem Menschen eine persönliche Note, die ihn erst zu dem macht, was man *individuelle Persönlichkeit* nennt. Wer gar nichts im Sinne des Anankastischen oder Paranoiden oder Hysterischen usw. an sich hat, dem fehlt das Individuelle der Persönlichkeit.

Umgekehrt kann man bei den Psychopathien von *Verdichtungen* normaler Wesenszüge sprechen. Sie können andererseits wieder *Verdünnungen,* nämlich von psychotischen Zuständen, darstellen, wie man bei der Hypomanie, Hypomelancholie oder Zyklothymie sieht.

Wenn ich nach dem Gesagten nicht nur *abnorme,* sondern auch *akzentuierte* Persönlichkeiten im Auge habe, so muß ich der Frage begegnen, ob man solche Feinheiten psychiatrisch mit genügender Sicherheit feststellen kann. K. Schneider hat gemeint, schon eine Psychopathie lasse sich wegen der vielen Überschneidungen, die es gebe, im praktischen Fall schwer in differenzierter Form erkennen. Ich kann dem nicht zustimmen. Es ist möglich, unmittelbar am Patienten, indem man sich genügend mit seiner Art und seiner Reaktionsweise beschäftigt, die Wesenszüge festzustellen, die von psychopathischer Ausprägung sind oder die auch nur eine deutliche Akzentuation erzeugen, gleichgültig, wie viele Züge es sind. Das hat uns gerade unser Bemühen um die Neurotiker, die manchmal Psychopathen, viel häufiger aber nur akzentuierte Persönlichkeiten sind, gelehrt.

Die Darstellung, die ich von den psychopathischen Persönlichkeiten geben werde, ist den auch sonst üblichen Beschreibungen verwandt. Wenn ich andererseits in manchen wesentlichen Punkten eigene Abgrenzungen gebe, so sind sie nicht theoretischer Art, sondern haben sich an Hand der praktischen Diagnostik ergeben.

Ist man bemüht, bei psychopathischen Zügen auch positive Auswirkungen zu finden, so gelingt das vielleicht am allerwenigsten bei den *Epileptoiden.* Menschen dieser Art können ihr Leben nicht nach Überlegung und Vernunft gestalten, sondern sie reagieren in Abhängigkeit von Stimmungen und Trieben. Sie brausen auf, wenn ihnen etwas nicht gefällt, und können im Zorn auch schnell brutal werden. Mit einer einfachen Reizbarkeit, wie man sie vor allem bei neurasthenischen Zuständen findet, darf man den Jähzorn der Epileptoiden nicht verwechseln. Gegenüber geringeren Reizen brauchen sie nicht überempfindlich zu sein, sie können sich hier sogar etwas stumpf verhalten. Aber wenn ein gewisses Maß überschritten ist oder auch wenn sie gerade mißgestimmt sind, dann bricht die Erregung hervor. In ihrer Triebabhängigkeit sind die Epileptoiden auch unstet in der Lebensführung. Sie wechseln häufig ihre Arbeitsstellen und neigen überdies zu chronischem Alkoholmißbrauch. Die jugendlichen Wegläufer, bei denen man von *Poriomanie* spricht, sind zu einem großen Teil epileptoid. Mädchen dieser Art zeichnen sich häufig durch sexuelle Triebhaftigkeit aus. Die Epileptoiden haben ihre Wesensart mit Epileptikern gemeinsam und sind wie diese häufig von athletischem Körperbau. Ob auch eine innere Beziehung besteht, bleibt offen. Keinesfalls darf man dies annehmen, wenn die Eigenart nur in geringem Ausmaß vorhanden ist. Ich spreche in diesem Fall von *ungesteuerten Persönlichkeiten,* die in ihren Reaktionsweisen etwas Primitives, Impulsives an sich haben und auch zu einer gewissen Unstetigkeit neigen, aber sozial nicht grob auffällig sind. Unter Alkoholeinwirkung kann auch bei solchen Menschen eine brutale Erregbarkeit hervortreten.

Im gewissen Sinne in entgegengesetzte Richtung geht die Eigenart der *Anankasten,* die so gar nicht in der Lage sind, einmal impulsiv nach Gefühl und Stimmung zu handeln, sondern alles erst genau überlegen müssen. Sie können sich auch da schlecht entschließen, wo objektiv kein Grund zum Zögern mehr gegeben ist, indem sie meinen, es könnte sich im weiteren Prüfen doch noch etwas Wesentliches ergeben. In der Arbeit kommen sie oft schwer zu einem Abschluß, weil sie immer nochmals kontrollieren müssen, ob auch alles gut ist. Auch wo sie sonst eine Verantwortung tragen, überzeugen sich die Anankasten besonders nachdrücklich, daß sie nichts versäumt haben. Sie sehen noch einmal nach, ob der Gashahn geschlossen ist; sie kehren um, weil ihnen der Gedanke kommt, sie hätten versehentlich die Tür offenstehen lassen; sie tasten bei einem wichtigen Brief, den sie in den Kasten werfen, nach, ob er auch nicht hängengeblieben ist. Bei stärkerer Ausprägung der Abnormität bringen auch derartige Kontrollen keine genügende Beruhigung, es kommt zu Zwangsbefürchtungen und Zwangshandlungen, d. h. zur Zwangsneurose, die uns bei den Neurosen genauer beschäftigen wird. In normaler Breite bezeichne ich Menschen dieser Wesensart als *übergenaue Persönlichkeiten,* von denen man aussagen kann, daß sie überall, wo es um Sorgfalt und Verantwortung geht, mehr tun als andere, aber nicht in ernsterer Form zum Zweifeln und Grübeln neigen. Sie sind in der Arbeit wegen ihrer Gewissenhaftigkeit sehr geschätzt, werden aber leicht auch als pedantisch genau angesehen. Mit echter Pedanterie, die man bei Epileptikern und manchmal auch bei Epileptoiden findet, hat diese vom Verantwortungsgefühl getragene Kleinlichkeit nichts zu tun.

Mehr noch als die epileptoide ist die *hysterische* Abnormität der anankastischen entgegengesetzt, denn der Unschlüssigkeit dort kann man hier eine Kurzschlüssigkeit gegenüberstellen. Statt echten Zielen zuzustreben, die oft nicht leicht zu erreichen sind, gehen Hysteriker Schwierigkeiten aus dem Weg und greifen kurzschlüssig auf, was im Augenblick dient. Dazu hilft ihnen die besondere Begabung, aus dem Bewußtsein verdrängen zu können, was ihnen unangenehm ist. Wo ein anderer Mensch lügen müßte, wenn er zu einem egoistischen Ziel kommen wollte, da verdrängen sie den objektiven Tatbestand und können so die Unwahrheit sagen, ohne sich dessen noch bewußt zu sein. Daher sind die Lügner und Schwindler, die man pathologisch nennt, weil sie so in ihren Rollen leben, daß ihnen die Unwahrhaftigkeit ihres Verhaltens gar nicht mehr gegenwärtig ist, genauer als *hysterische Lügner und Schwindler* zu bezeichnen. Wenn eine Phantasiebegabung hinzukommt, entsteht die *Pseudologia phantastica,* bei der die Schwindeleien durch phantasievolle Erzählungen unterbaut werden. Teils wollen die hysterischen Schwindler nur etwas gelten und treten zu diesem Zweck als *Hochstapler,* wie man sie dann nennt, mit vornehmen Namen und Titeln auf, teils gehen sie ganz materiellen Zielen nach, indem sie etwa als Heiratsschwindler das Geld der Frauen herauslocken wollen. Hysteriker können auch in der Weise verdrängen, daß sie eine Krankheit vortäuschen und selbst nicht mehr wissen, daß sie tatsächlich bei völligem Wohlbefinden sind. In dieser Form begegnen sie uns Ärzten am häufigsten. Manche wollen der Arbeit nur eine Zeitlang aus dem Weg gehen, andere streben eine Dauerversorgung an und werden dann als *Rentenneurotiker* bezeichnet.

Der Mechanismus der Verdrängung setzt nur gegenüber *unangenehmen Gedankeninhalten* ein, er ist daher immer da in Bereitschaft, wo es gilt, einer lästigen Sache dadurch zu entgehen, daß man sie einfach vergißt. Da die Sache auf diese Weise nicht aus der Welt zu schaffen ist, bringen sich die Hysteriker mit ihrem Verhalten nur vorläufig eine Erleichterung, schaden sich aber auf die Dauer meist selbst. Ein Schwindler wandert nach seinen kurzschlüssigen Erfolgen immer wieder in das Gefängnis, und eine Berentung ist natürlich kein positiver Ersatz für ein normales soziales Leben. Das ändert nichts an der Tatsache, daß hinter der Reaktion immer ein *Zweck* steht; darin liegt das wichtige Kriterium dessen, was man hysterisch nennt. Es wird uns bei den Neurosen noch genauer beschäftigen.

Wenn wir den Hysteriker ärztlich vor allem als den Menschen kennen, der Krankheiten vortäuscht und sich von einem Simulanten nur dadurch unterscheidet, daß er sich seines Schwindels selbst nicht bewußt ist, so ist unser Bild damit grob einseitig; denn es können auch *bedeutende schauspielerische Leistungen* durch die hysterische Gabe der Verdrängung zustande kommen, durch die die Künstler auf der Bühne die Gestalt, die sie darstellen, unmittelbar leben. Sie spielen gar nicht eigentlich den König Lear, den Egmont, die Maria Stuart, sondern sie sind es selbst. Man hat hier mit einem positiven Wertakzent vor sich, was die pathologischen Schwindler mit einem negativen demonstrieren. Beide können auf Grund ihrer hysterischen Bereitschaft vergessen, wer sie sind, und das leben, was andere nur simulieren oder imitieren könnten. Auch Dichter haben häufig einen hysterischen Zug, da es die Phantasietätigkeit erhöht, wenn die Wirklichkeit so leicht abgeschaltet werden kann. Man kommt zu der Feststellung, daß es von der sonstigen Persönlichkeit, aber auch von dem Schicksal des einzelnen abhängt, ob sich eine hysterische Art negativ oder positiv auswirkt; ethisch wertvolle Menschen lassen den Mechanismus, der ihnen zur Verfügung steht, nicht zur Unzeit in Gang kommen. Eine Gefährdung in dieser Hinsicht stellt er aber immer dar, denn es ist für den Menschen verführerisch, wenn er in der Verdrängung ein Mittel hat, dem Unangenehmen jedenfalls für den Augenblick zu entgehen.

Ein hysterischer Zug, der nur in normaler Breite vorhanden ist, setzt den Menschen bereits in die Lage, sich gegebenen Situationen anzupassen, d. h. sich nicht nur so zu geben, wie er von Natur ist, sondern so, wie es im Augenblick am günstigsten ist. Er weiß sich so zu benehmen, daß er auf den anderen einen guten Eindruck macht und seine Sympathie oder zur rechten Zeit auch sein Mitleid erregt. In dieser normalen Breite spreche ich nicht mehr von hysterischen, sondern von *demonstrativen Persönlichkeiten.* Bei ungünstigen äußeren Bedingungen können auch bei ihnen gröbere Demonstrationen entstehen.

Äußeres Ansehen, Geltung bei den Mitmenschen ist bei den hysterischen Persönlichkeiten nur eines der möglichen Ziele, dagegen gehört bei den *paranoiden Persönlichkeiten* das Streben nach Geltung zu ihrer Art, wenn es auch nicht betont äußere Geltung zu sein braucht. Dazu kommt eine übermäßige Empfindlichkeit gegen vermeintliche oder echte Benachteiligung. Den Namen haben die paranoiden Persönlichkeiten dadurch erhalten, daß sie sich in ihrer inneren Haltung bis zum Wahnhaften fixieren können, sich z. B. als Erfinder fühlen, ohne es zu sein, oder das Opfer feindseliger Machenschaften zu sein glauben, obwohl objektiv keine Rede davon ist. Dem Verhalten liegt eine *abnorme Nachhaltigkeit* gegenüber gefühlsbetonten Erlebnissen zugrunde. Bei einer Folge gleichartiger Ereignisse kommt es dadurch leicht zu einer Gefühlskumulation, die das Denken in einseitiger Weise festlegt. Am meisten steigen die Gefühle, wie wir bei den paranoischen Entwicklungen noch genauer sehen werden, in einem Hin und Her des Erfolgs und Mißerfolgs an. Die abnormen Haltungen entstehen deshalb gerade in persönlichen oder sogar egoistischen Zielrichtungen, die immer wieder auf Widerstände der Umgebung treffen. Aus diesem Grunde fixieren sich die paranoiden Persönlichkeiten nicht etwa in abnormer Nächstenliebe oder in einem abnormen Pflichtgefühl, sondern in dem Bestreben, sich gegenüber ihrer Umgebung durchzusetzen, sich möglichst über sie zu erheben, aber jedenfalls sich nicht unterdrücken zu lassen. Wir finden folglich Menschen, die ihre eigenen Fähigkeiten überschätzen und Mißerfolge gern auf die Böswilligkeit der anderen schieben.

In mäßiger Ausprägung und normaler Breite zeichnen sich die paranoiden Persönlichkeiten dadurch aus, daß sie *ehrgeizig* streben und *empfindlich* auf ihre Rechte bedacht sind. Häufig neigen sie auch dazu, sich für das Recht anderer einzusetzen, doch ist die Neigung, mit persönlicher Gekränktheit zu reagieren, wichtiger. Ich spreche, wenn die Auffälligkeit keine gröbere Ausprägung zeigt, von *übernachhaltigen Persönlichkeiten.* Indem ich damit den Grundzug ihrer Eigenart hervorhebe, finde ich zugleich die Brücke zu den hypochondrischen Entwicklungen, denen solche Persönlichkeiten anheimfallen können, obwohl wir darin weder den Ehrgeiz noch die Sorge um das persönliche Recht finden werden.

Die abnorme Nachhaltigkeit des Affekts darf man nicht mit seiner starken Ansprechbarkeit verwechseln. Abnorm tief reagieren die *emotiven Persönlichkeiten.* Sie werden durch die Ereignisse, welche die Gefühle erregen, im Traurigen wie im Heiteren sehr stark berührt, sie freuen sich leichter und sind leichter traurig als andere. Pathologische Ausmaße entstehen nur in der letzteren Richtung, indem äußere Erlebnisse ernstere Verstimmungen erzeugen können. Wir werden bei den Neurosen in Zusammenhang mit der *reaktiven Depression* darauf zu sprechen kommen. Will man auch hier psychopathische Grade der Eigenart von einer Akzentuierung in normaler Breite trennen, so kann man im ersteren Fall im Hinblick auf die reaktive Depression, die im Hintergrund steht, von *reaktiv-labilen Persönlichkeiten* sprechen und die *emotiven Persönlichkeiten* nur in normaler Breite sehen. Man nennt diese auch „weichherzig" und bringt damit zum Ausdruck, daß sie einerseits bei eigenem Mißgeschick gleich sehr traurig werden, aber auch viel Mitleid mit anderen haben. Sie weinen leicht, können ein etwas rührseliges Kinostück nicht ohne Tränen erleben. Es bleibt oft unklar, ob sie tiefer empfinden als andere, oder ob ihr Gemütsleben nur sehr leicht anspricht. Im Freudigen zeigt sich die feinere Ansprechbarkeit darin, daß sie weniger den groben Genüssen nachgehen, sondern sich lieber an Blumen und an der Natur oder an Geschichten, die für Kinder geschrieben sind, freuen.

Auch die *zyklothymen Persönlichkeiten* sind in ihrer Stimmungslage abnorm von äußeren Einflüssen abhängig, ihre Labilität ist aber doch nicht im gleichen Maße reaktiv. Es handelt sich weniger um eine Gefühlsansprechbarkeit, als um eine Bereitschaft, mit Stimmungen zu reagieren. Ein freudiges Ereignis ergreift den Emotiven als solches, d.h. im Sinne einer normalen, wenn auch vertieften Einwirkung, bei den Zyklothymen hebt es dagegen die Gesamtstimmung. Darum braucht es sich hier gar nicht um eine spezifische Einwirkung zu handeln. Schon eine allgemein heitere Umgebung übt auf die Zyklothymen einen Einfluß aus, so daß sie in ihrer Stimmung mitgehen und ebenfalls heiter werden, während die Emotiven vielleicht gar nichts daran finden, was sie erfreuen könnte. Die äußeren Ereignisse sind für die Zyklothymen mehr Auslösung als Ursache. Ihre abnorme Bereitschaft zum Heiteren und zum Traurigen entsprang einer inneren Labilität der Gefühlslage, die von außen her lediglich angestoßen wird. Die Stimmung pflegt daher in gewissem Maße fortzubestehen und die unmittelbare Einwirkung zu überdauern.

Gelegentlich treten die Stimmungsschwankungen auch ganz von innen her auf. Ohne erkennbaren Grund können die Zyklothymen tageweise oder stundenweise traurig verstimmt und ebenso gewisse Zeiten auch freudig beschwingt sein. Man erkennt darin die *Verwandtschaft zur manisch-depressiven Krankheit* mit ihren Stimmungsschwankungen nach den zwei Polen hin. Manche der echt Gemütskranken sind in ihrem Temperament tatsächlich zyklothym, d. h., sie schwanken auch in ihren gesunden Zeiten in einer geringeren Breite zwischen den zwei Polen hin und her. Hier kann man beim psychopathischen Zug von einer Verdünnung der Krankheit selbst sprechen, doch darf man nicht jedes zyklothyme Temperament mit der manisch-depressiven Krankheit in Zusammenhang bringen, es kann auch eine selbständige Eigenart sein.

Bei seinen Ausschlägen nach der einen oder der anderen Seite hin zeigt das zyklothyme Temperament eine Beziehung zum *hypomanischen* bzw. *subdepressiven* Temperament. Es treten dementsprechend nicht einfach heitere bzw. einfach traurige Stimmungen auf, sondern mit der Heiterkeit erscheint zugleich eine Vielgeschäftigkeit und eine Lockerung in den logischen Gedankenfolgen, die bis zu einer leichten Ideenflucht gehen kann, mit der Traurigkeit stellt sich zugleich eine allgemeine Verlangsamung im Handeln und Denken ein.

Hypomanisches und *subdepressives* Temperament sind in ihrer Gestaltung beschrieben, wenn man die Symptome der Manie und Melancholie in verdünnter Form aufzeigt. In typischen Fällen sind hypomanische Persönlichkeiten zugleich heiter, vielgeschäftig und abschweifend in ihrem Denken, es kann aber der eine oder andere Zug überwiegen, so daß auch eine stille Heiterkeit oder eine freudlose Vielgeschäftigkeit vorkommt. Subdepressive Persönlichkeiten andererseits sind in typischen Fällen zugleich abnorm ernst und etwas langsam. Auch hier kann aber der eine wie der andere Zug überwiegen. Ein Zusammenhang mit einer echten Manie oder einer echte Melancholie braucht nicht zu bestehen.

Wenn man zum Ausdruck bringen will, daß sich das hypomanische Temperament in den Grenzen des Normalen hält, kann man von *lebhaften Persönlichkeiten* sprechen. Die Zyklothymen lassen sich in dieser Breite als *stimmungslabile Persönlichkeiten* kennzeichnen, die Subdepressiven als *ernste.* Während man beim Begriff des Dysthymen mehr an eine mißmutige als an eine ernste Stimmung denkt, entspricht der Begriff des Hyperthymen dem des Hypomanischen.

Zwischen den drei Temperamentseigenschaften gibt es *Übergänge.* Zyklothyme können überwiegend hypomanisch oder überwiegend subdepressiv sein. Bei den beiden Zügen kann sich andererseits gelegentlich eine Neigung zum Stimmungsumschlag bemerkbar machen. Hypomanische Persönlichkeiten, die sonst nie Verstimmungen nach der depressiven Seite zeigen, reagieren auf eine seelische Erschütterung manchmal ganz unerwartet schwer, vielleicht sogar suizidal, subdepressive Persönlichkeiten andererseits lassen sich in lebhafter Gesellschaft, vielleicht unter Mitwirkung von Alkohol, manchmal so anregen, daß sie jetzt hypomanisch erscheinen. Diese Labilität ist aber nur manchen Hypomanischen und Subdepressiven eigen, bei anderen ist die Temperamentsart fest gefügt. Man darf in diesem Zusammenhang daran erinnern, daß auch nicht alle Manien und nicht alle Melancholien zum Gegenpol neigen.

Unter den Zyklothymen gibt es Persönlichkeiten, die zu *extremen Stimmungsschwankungen* tendieren, d. h. zu Begeisterung einerseits, Verzweiflung andererseits. Man wird an die Angst-Glücks-Psychose erinnert, bei der man tatsächlich nicht selten außerhalb der Krankheit dieses Temperament findet. Man trifft es aber auch sonst, besonders bei Schauspielern und Dichtern, die sich mit dieser ihrer Gefühlserregbarkeit leichter als andere in das hineinversetzen können, was sie künstlerisch darstellen wollen. Ich kann von einem *überschwenglich-zyklothymen* oder kürzer einem *überschwenglichen* Temperament sprechen.

Im zyklothymen wie im subdepressiven Temperament kann eine Neigung zur *Ängstlichkeit* enthalten sein. Aber auch unabhängig davon gibt es ängstliche Persönlichkeiten. Im *Kindesalter* fallen sie besonders auf, sie haben Angst vor Dunkelheit, vor Gewittern, vor großen Tieren, vor Respektspersonen. Erwachsene können ihre Ängstlichkeit im allgemeinen beherrschen, werden aber doch oft ihr Leben lang durch Gefahren abnorm stark erschreckt und ziehen sich bei Meinungsverschiedenheiten mit Stärkeren schnell zurück.

Damit habe ich die abnormen und akzentuierten Persönlichkeiten, die von Bedeutung sind, beschrieben. Häufig werden außerdem die *haltlosen* genannt, ja diese sollen unter den Psychopathen sogar eine große Rolle spielen. Manche nennen jeden haltlos, der im Leben nicht zurechtkommt, so daß es sich ebenso um eine epileptoide wie eine hysterische oder hypomanische Persönlichkeit handeln kann. Der Begriff ist daher für eine wissenschaftliche Abgrenzung unbrauchbar. Nur wenn man die Haltlosigkeit auf eine primäre *Willensschwäche* einengt, ist sie genügend umschrieben, doch sind willensschwache Psychopathen viel seltener, als man theoretisch und in den praktischen Diagnosen glauben machen möchte. Die meisten, die so genannt werden, sind anders zu deuten. Auch die *Alkoholiker,* die von manchen generell willensschwach genannt werden, sind es nur in den seltensten Fällen. Außer Epileptoiden und Hypomanikern kommen unter ihnen vor allem Zyklothyme vor, die den Alkohol deshalb schätzen, weil er ihre subdepressive Stimmungslage vertreibt und eine hypomanische an ihre Stelle setzt. Es ist andererseits nicht zu bezweifeln, daß es im normalen Leben viele Menschen gibt, die von Natur willensschwach sind und vor Schwierigkeiten zurückweichen. Psychopathische Grade, denen man in der Psychiatrie begegnen müßte, scheinen aber selten erreicht zu werden.

Auch die *gemütskalten* oder, wie man gelegentlich sagt, *heboiden* Psychopathen, die unter den Kriminellen so häufig sein sollen, habe ich nicht gefunden. Soweit ich bei den Verbrechern, die ich untersucht habe, sehen konnte, scheint man vor allem Epileptoide, denen in ihrer primitiven Erregbarkeit allerdings das höhere Gemüt fehlen kann, als gemütskalt zu bezeichnen. Ein primitiveres, mehr biologisches Gemüt haben diese aber auch, wie sich etwa in einer großen Kinderliebe oder einer Anhänglichkeit an Tiere zeigen kann.

Menschen, die man *schizoide Psychopathen* nennt, können sehr verschiedene Strukturen aufweisen. Anankastisch-gehemmte, ängstlich-scheue, überspannt-paranoide Persönlichkeiten werden so genannt, im Sinne des Heboiden auch primitiv-epileptoide. Am meisten Berechtigung hat der Begriff des Schizoiden wohl bei Menschen, die ohne einen erkennbaren psychologischen Hintergrund, also ohne ängstlich oder anankastisch zu sein, den Kontakt mit der Umwelt verloren haben und als *Sonderlinge* ihr Eigenleben führen. Großenteils sind sie wohl nicht nur schizoid, sondern *latent schizophren.* Wenn man eine aktive Abwendung von der Umwelt im Auge hat, kann man von *autistischen Persönlichkeiten* sprechen, doch sollte man nicht Menschen, die nur den Rauhigkeiten des Lebens aus dem Wege gehen möchten, hinzuzählen. Ferner ist zu sagen, daß manche Menschen in ihrer Gedankenwelt mehr nach innen gekehrt als äußeren Eindrücken zugewandt sind; man nennt sie *introvertiert* und stellt sie den *extravertierten* Typen gegenüber.

Es sind insoweit Persönlichkeiten geschildert worden, die einen einzigen abnormen bzw. akzentuierten Wesenszug aufweisen. *Kombinationen* stellen sich teilweise so dar, daß jeder Wesenszug für sich in seiner charakteristischen Form erkennbar bleibt. Menschen, die zugleich *hysterisch* und *zyklothym* sind, zeigen ihre Stimmungsschwankungen und Demonstrationen nebeneinander; Menschen, die zugleich *epileptoid* und *ängstlich* sind, werden zwar in manchen Reaktionen durch ihre Ängstlichkeit gehemmt, es bleiben aber genug Gelegenheiten für ein triebhaftes Reagieren. Manche Wesenszüge modifizieren sich aber, verstärken sich in ihrer Wirkung oder schwächen sich gegenseitig ab.

Das letztere kann man etwa feststellen, wenn eine anankastische Wesensart auf eine epileptoide trifft. Man beobachtet zwar teilweise auch hier, daß bei der einen Gelegenheit mehr anankastisch, bei der anderen epileptoid reagiert wird, aber zugleich stellt man eine gewisse gegenseitige Kompensation fest, indem die epileptoide Triebbestimmbarkeit durch die anankastische Neigung, alles erst genau zu bedenken, gedämpft wird. *Anankastische* und *hysterische* Wesensart scheinen sich überhaupt gegenseitig zu kompensieren und ein normales Mittelmaß zwischen der Unentschlossenheit einerseits und der Kurzschlüssigkeit andererseits herzustellen. Jedenfalls habe ich keine Menschen gefunden, die ihre Entschlüsse einmal grüblerisch vorbereiten und zum anderen doch wieder dazu neigen, leichtfertig zu verdrängen, was ihre Entschlußfreudigkeit dämpfen könnte. *Hypomanisches* und *subdrepressives* Temperament scheinen sich ebenfalls zu kompensieren, so daß ein normales Mittelmaß, d. h. eine *synthone* Wesensart, entsteht. Das ergab sich aus Untersuchungen an Familienmitgliedern manisch-depressiver Kranker. Die Verbindung führt also kein zyklothymes Temperament herbei, wie man auch glauben könnte. *Daß zwei abnorme Wesenszüge durch Kombination einen normalen erzeugen können, verdient besonders festgehalten zu werden.*

Wenn sich zwei Wesenszüge *verstärken,* so erkennt man das am besten aus den *pathologischen Entwicklungen,* die aus der Kombination entspringen, darum gehe ich erst in diesem Zusammenhang auf solche Möglichkeiten ein.

Abnormitäten des Sexualverhaltens

Ein abnormes sexuelles Verhalten kommt teilweise dadurch zustande, daß eine psychopathische Persönlichkeit mit ihrer an sich normalen Sexualität nicht zurechtkommt. Dann handelt es sich nicht um eine *Sexopathie,* wie man die im Sexuellen selbst liegende Abnormität nennt, sondern um eine Neurose, die in der Sexualität nur ihren Inhalt findet. Man kann von *Sexualneurose* sprechen, wenn man dies besonders betonen will, doch reihen sich diese Störungen ihrem Aufbau nach in die sonstigen Formen von Neurose ein. Es wird später vor allem die *psychogene Impotenz* als eine Neurose des Sexualbereichs zu beschreiben sein.

Ähnlich wie dort die *Erwartungsspannung* als die Grundlage der Störung anzusehen ist, so gibt es auch eine *Frigidität,* die dadurch zustande kommt, daß der Geschlechtsakt nicht mit rein erotischen und sexuellen Gefühlen erlebt wird, sondern unter Spannungen, die den Ablauf stören: Furcht vor äußeren Überraschungen, Furcht vor einer Konzeption, aber auch Furcht vor einem mangelhaften Reagieren. Insofern kann es sich auch hier um eine Neurose handeln. Häufig liegen der Frigidität aber andere Ursachen zugrunde.

Die *weibliche Sexualität* reagiert anders als die männliche. Der Mann kann bei einer gewissen sexuellen Bereitschaft zum Orgasmus kommen, auch wenn er die Partnerin nicht liebt. Die Erfolge der Prostituierten zeigen das. Die Frau dagegen reagiert sexuell nur dann, wenn sie den Partner körperlich und seelisch liebt. In den meisten Fällen von Frigidität reicht die körperliche und seelische Neigung nicht aus, um eine Erregung bis zum Orgasmus herbeizuführen. Dem entspricht es, daß sich jeder Mann onanistisch selbst befriedigen kann, während es vielen Frauen nur unter besonders lebhaften Phantasievorstellungen oder auch gar nicht gelingt. Andere Frauen onanieren allerdings ähnlich wie Männer, kommen also leicht in Erregung. Es sind die gleichen Frauen, die auch beim Geschlechtsverkehr schnell in Erregung geraten, also nicht an Frigidität leiden. Wie mir meine ausgedehnten Untersuchungen an sexuell auffälligen Menschen zeigten („Instinkte und Urinstinkte in der menschlichen Sexualität“[1]), hat eine Minderzahl von Frauen einen männlichen Triebablauf, während die Mehrzahl viel langsamer

[1] Ferdinand Enke Verlag, Stuttgart 1964

und schwerer zu erregen ist. Wenn der weibliche Trieb aber bis zum Höhepunkt kommt, dann geschieht es nachhaltiger als beim Mann; der Orgasmus kann sich in einer Wellenbewegung mehrmals hintereinander wiederholen, während beim Mann nach dem Orgasmus in der Regel eine kürzere oder längere Pause physiologischer Unerregbarkeit folgt. Nur in sehr seltenen Fällen kommt es vor, daß auch ein Mann den weiblichen Wellenorgasmus aufweist.

Der weibliche Triebablauf ist in seiner langsamen Erregbarkeit darauf eingerichtet, daß der sexuellen Vereinigung ein längeres *Liebesspiel* vorausgeht. Wenn Frauen mit diesem Triebablauf frigide sind, so liegt demnach meist keine neurotische Störung vor, sondern die Frauen sind in ihrer Sexualkonstitution lediglich dem rasch reagierenden Mann nicht angepaßt. Vielleicht geht die phylogenetische Entwicklung dahin, daß auch die Frau in der Zukunft sexuell schnell und mehr körperlich zu reagieren vermag, da man den männlichen Triebablauf bereits bei recht vielen Frauen findet.

Einige weitere Abnormitäten des sexuellen Verhaltens lassen sich als *Notlösungen* auffassen, die zustande kommen, wenn der normale Reaktionsablauf versperrt wird, sei es durch äußere Hemmnisse, sei es durch die Wesensart des betreffenden Menschen, der Hemmungen hat, normale sexuelle Verbindungen aufzunehmen. Mit einer derartigen Erschwerung erklärt sich die *Pädophilie,* d. h. sexuelle Neigung zu Kindern, die sich am meisten bei älteren Männern findet und in jüngeren Jahren vor allem bei Schwachsinnigen vorkommt. Die letzteren herrschen bei der *Sodomie,* d. h. der sexuellen Verbindung mit Tieren ganz vor. Der *Inzest,* die sexuelle Beziehung zwischen Blutsverwandten, ist meist eine Folge davon, daß von Natur gehemmte Menschen den Anschluß nach außen nicht finden können. Primär abnorme Neigungen konnte ich bei diesen Auffälligkeiten selten finden. Häufig war eine *anankastische Wesensart* für die Hemmungen verantwortlich.

Sadismus und *Masochismus* haben insofern Beziehungen zur normalen Sexualität, als die männliche Aktivität bis zur Neigung gehen kann, Gewalt anzuwenden, die weibliche Passivität bis zur Bereitschaft, Gewalt zu erleiden. Als eindeutige Abnormitäten sind Sadismus und Masochismus aber anzusprechen, wenn sich die Lust, körperlich zu quälen oder gequält zu werden, aus dem Gesamtrahmen der Sexualität herauslöst und mehr oder weniger für sich allein angestrebt wird. Der Sadismus kann in dieser Abnormität zum Lustmord führen. Eine echte Abnormität ist auch der *Exhibitionismus,* die Neigung mancher Männer, ihr Geschlechtsteil vor Frauen zu entblößen. Oft tritt das Verlangen erst unter Alkoholeinfluß in drängender Form hervor. *Fetischisten* werden nicht durch einen sexuellen Partner und dessen erogene Zonen sexuell erregt, sondern durch andere Körpergebiete oder auch durch Kleidungsstücke. *Transvestiten* stellen teilweise Fetischisten dar, welche die sexuell geliebte weibliche Kleidung am eigenen Körper haben möchten, teilweise sind sie homosexuell und bemüht, dem anderen Geschlecht möglichst angenähert zu sein. Im letzteren Fall wollen sie manchmal auch ihren Körper im Sinne des anderen Geschlechts umgestaltet haben. *Voyeurs* finden ihre Befriedigung bei Beobachtung von Liebespaaren in sexueller Vereinigung. *Nekrophilie* nennt man die sexuelle Neigung zu Toten.

Bei den groben Anomalien spielt nach eigenen Feststellungen der Rückfall in *Urinstinkte,* die beim Menschen früher einmal wirksam waren, eine Rolle. Dies trifft auch für manche Fälle von *Homosexualität* zu, bei denen eine atavistische Prägungsbereitschaft besteht, die in der Pubertät zur Festlegung auf das eigene Geschlecht führt. Ähnlich kommt der *Fetischismus* durch Festlegung in der Pubertät zustande. In anderen Fällen ist für die *Entstehung der Homosexualität* die Konstitution ausschlaggebend, indem der Mann in seiner Sexualstruktur weibliche Züge oder die Frau männliche Züge aufweist.

Sexuelle Hintergründe kann auch das *gehäufte Stehlen* haben, bei dem Gegenstände, ohne Verwendung zu finden, angehäuft werden. Masochistische Frauen wollen manchmal den Gedanken, beim Diebstahl entdeckt und damit beschämt und erniedrigt zu werden, auskosten. Man spricht von *Kleptomanie.* Auch ein gehäuftes und unverständliches Feuerlegen kann sexuelle Hintergründe haben. In den seltenen Fällen, die so zu deuten sind, kann man von *Pyromanie* sprechen.

Ich gab damit nur Andeutungen über sexuelle Auffälligkeiten. Die Begründungen findet man in dem erwähnten Buch.

Psychische Entwicklungen, insonderheit in Gestalt der Neurosen

Der Begriff der *Neurose* wird von den psychotherapeutischen Schulen sehr verschieden gefaßt. Ich darf für meine folgende Darstellung festhalten, daß ich unter Neurosen *Fehlhaltungen aus abnormen psychischen Entwicklungen* verstehe, die sich unter *Verarbeitung äußerer Geschehnisse* vollziehen. Unter *Reaktion* ist dagegen die Einzelantwort auf ein äußeres Geschehen zu verstehen.

Man kennt in der Psychiatrie den Begriff der abnormen *psychischen Entwicklung,* bei der sich durch anhaltende Beschäftigung mit bestimmten Erlebnissen und Erlebnisfolgen eine psychische Fehlhaltung bildet. Am bekanntesten ist die *paranoische Entwicklung,* von der man spricht, wenn ein Mensch nach einem kränkenden Erlebnis Genugtuung fordert, diese trotz ständigen Bemühens nicht erhält und sich in dem Kampf, den er führt, immer mehr in seine Affekte hineinsteigert. Er kann schließlich die objektiven Maßstäbe völlig verlieren und sich nicht mehr nur gekränkt, sondern aufs schwerste beeinträchtigt fühlen. Einer derartigen Entwicklung liegt eine *biologische Gesetzmäßigkeit* zugrunde, wonach Affekte ansteigen, wenn sie hin- und hergeschaukelt werden. Wenn der Mensch im Kampf um seine Genugtuung hier einen Schritt weiterkommt, dort wieder zurückgestoßen wird, in seinem erneuten Bemühen wieder etwas zu erreichen scheint und doch wieder enttäuscht wird, dann können am Schluß eines solchen Kampfes, der über Erfolg und Mißerfolg geht, die anfänglichen Affekte vervielfältigt werden. Ohne Hin und Her des Geschehens kommt Ähnliches nicht zustande; ein Mißerfolg, der gleich endgültig ist, bringt eine Enttäuschung, die groß sein kann, aber im normalen Rahmen bleibt; der Mensch findet sich damit ab. Nur wenn er anhaltend in Zweifel bleibt, ständig zwischen Hoffnung und Enttäuschung hin- und herschwankt, dann schreitet die abnorme Entwicklung mit dem Anwachsen des Affekts fort.

Das Ansteigen der Gefühle im Wechselspiel zwischen zwei Polen stellt eine außerordentlich wichtige Gesetzmäßigkeit dar, die ich in meiner „biologischen Psychologie“[1] genauer erläutert habe. Wir finden sie nicht nur bei den paranoischen Entwicklungen, sondern werden sie bei allen neurotischen Entwicklungen wieder antreffen. Wenn sich ein Mensch nicht nur in einer *Reaktion,* sondern in einer *Neurose,* die einen fortdauernden Zustand darstellt, fehlerhaft verhält, so liegt solch eine Übersteigerung eines Affekts vor, der das Denken in einseitiger Weise festlegt. *Ohne diese entwickelten Affekte gäbe es keine neurotischen Dauerhaltungen,* wären auch abnorme Bereitschaften in der Persönlichkeit vorhanden. Daher werden wir bei der Darstellung der Neurosen immer wieder auf das schwankende Hin und Her eines Affekts, das Wechselspiel zwischen Befürchtung und Beruhigung, Hoffnung und Enttäuschung hinweisen müssen. Wenn die Unruhe nicht von außen her aufgedrängt wird, findet man, daß der Mensch in grübelnden Gedanken von sich aus zwischen der angenehmen und unangenehmen Erwartung hin- und herschwankt. Meist finden sich äußere und innere Momente zusammen. An Hand der *hypochondrischen Neurose* sei diese Entwicklung nochmals veranschaulicht.

Ein Mensch erlebt z. B. mit, wie sein Freund in relativ jungen Jahren einem Herzinfarkt erliegt. Er bekommt selbst eine Beklemmung auf der Brust, denkt für sich selbst an die Möglichkeit eines Herzinfarkts und geht zum Arzt. Dieser beruhigt ihn, spricht aber doch von kleinen Befunden. Der Patient ist nicht zufrieden, sucht weitere Ärzte auf, wird immer wieder beruhigt, aber auch immer wieder durch die vielen Untersuchungen, die unbestimmten Auskünfte geängstigt und lebt schließlich in der schwersten Angst, eines Tages tot umzufallen. Der Affekt ist durch das ständige Hin und Her potenziert worden, seine Beseitigung ist jetzt schwer geworden, während die anfängliche geringfügige Befürchtung nach einem unanfechtbar

[1] Johann Ambrosius Barth, 4. Aufl., Leipzig 1966

negativen Befund geschwunden wäre. Freilich halten anankastische Persönlichkeiten, wie wir sehen werden, durch ihre Zweifelsucht das Hin und Her zwischen Hoffen und Befürchten oft selbst in Gang.

Ganz allgemein ist die Entwicklung bald mehr von der ungünstigen Folge *äußerer Ereignisse,* bald mehr von der unzweckmäßigen *inneren Einstellung* abhängig. Ein Mensch kann dadurch neurotisiert werden, daß er ganz passiv zwischen Erfüllung und Enttäuschung hin- und hergeworfen wird, oder aber auch dadurch, daß er nur selbst den Abschluß nicht finden kann.

Da zum Begriff der *Neurose* auch das subjektive Krankheitsgefühl gehört, kann man die Fehlhaltung einer *paranoischen Entwicklung* nicht eigentlich zu den Neurosen zählen. Sie soll aber doch besprochen werden, da sie in den Zusammenhang gehört und das Verständnis für die eigentlichen Leidenszustände fördert.

Paranoische Entwicklung

Höhere Grade der *paranoischen Fehlhaltung* kommen nur bei paranoiden oder wenigstens übernachhaltigen Persönlichkeiten zustande, bei denen die Affekte im Übermaß nachwirken. Persönlichkeiten anderer Struktur pflegen sich auch bei sehr ungünstigen äußeren Einwirkungen rechtzeitig, d. h., ehe sie sich allzusehr verstrickt haben, von der Sache zu lösen. Auch eine paranoide Wesensart allein reicht meist noch nicht aus. Die *Querulanten,* an denen man die paranoische Entwicklung besonders gut beobachten kann, sind in der Regel zugleich *hypomanisch.* Wenn im äußeren Ablauf des Geschehens eine allmähliche Beruhigung eintreten möchte, dann sorgen die Kranken selbst durch eine hypomanische Vielgeschäftigkeit dafür, daß doch immer wieder etwas geschieht, was den Affekt anfacht. Meist geht es um einen Rechtsstreit, den die Querulanten von Instanz zu Instanz unermüdlich fortführen. Sie beleidigen im Laufe ihres Kampfes Richter, Gutachter und Zeugen, stellen immer wieder neue Anträge und hören auch nach Abschluß der Verfahren nicht auf, die Gerichte mit ihren Eingaben zu belästigen. Die Antworten, die sie nach formaljuristischen Bestimmungen immer wieder erhalten müssen, rufen ihre Gegenäußerungen hervor. Bei diesem ständigen Hin und Her kann aus dem Querulieren schließlich ein *Querulantenwahn* werden, bei dem der Affekt so herrschend geworden ist, daß er die Vorstellung der rechtlichen Beeinträchtigung schließlich bis zum Wahnhaften fixiert hat. Obwohl ursprünglich nur eine abnorme bzw. kombiniert abnorme Persönlichkeitsstruktur vorlag, kam durch die psychische Entwicklung eine Haltung zustande, wie man sie sonst nur von ernsteren Geisteskranken kennt. Wenn die Idee, die im Mittelpunkt der Entwicklung steht, noch nicht wahnhaft ist, aber doch das Denken allzusehr einnimmt, dann spricht man von *überwertiger Idee;* man sollte zugleich sagen, es liege ein *übersteigerter Affekt* vor.

Menschen, die erbittert um ihr Recht kämpfen, sind oft auch durch ein objektives *Rechtsgefühl* ausgezeichnet. Das verstärkt ihre Neigung, eine erlittene Kränkung nicht auf sich beruhen zu lassen, es führt außerdem dazu, daß sie auch für das Recht anderer kämpfen. Man nennt solche Menschen *Rechtsfanatiker* und erfaßt in dem Begriff des Fanatikers den übersteigerten Affekt. Tiefere Fixierungen setzen in jedem Fall aber eine persönliche Beteiligung und damit einen persönlichen Affekt voraus.

In einem *bescheideneren Rahmen* sind paranoische Entwicklungen alltäglich. Eine hypomanische Komponente der Wesensart braucht hier nicht zu bestehen, sogar die Übernachhaltigkeit kann gering sein. Zwei Menschen, die zusammen arbeiten müssen, sich aber nicht verstehen, geraten in den Reibereien, die sich ergeben, leicht in eine feindselige Haltung zueinander. Vor allem der Untergebene kann dahin kommen, daß er im Verhalten des Vorgesetzten nur noch Schikane und Bösartigkeit sieht und ihm mit übersteigerten Affekten gegenübersteht. Im Verhältnis von Lehrer und Schüler gibt es Ähnliches. Manchmal besteht von Anfang an eine gewisse gegenseitige Antipathie, aber erst die Affektstöße, die hin- und hergehen, machen das Verhältnis unerträglich. Das Kind hegt nach solch einer Entwicklung eine tiefe Feindschaft gegen den Lehrer, der es angeblich methodisch schlecht behandelt, der Lehrer empfindet die

Unarten des Kindes als persönliche Angriffe gegen sich. Noch häufiger findet man, daß sich Schwiegermutter und Schwiegertochter mit Affekten gegenüberstehen, die nur durch abnorme Entwicklungen entstanden sein können. Der paranoische Charakter bestätigt sich darin, daß sich die beiden schließlich gegenseitig für die übelsten Menschen halten können, die es gibt, also die Neigung erkennen lassen, die Verhältnisse geradezu wahnhaft einseitig zu sehen. Sehr charakteristisch ist ferner der paranoische Affekt aus *Eifersucht,* die besonders geeignet ist, ein inneres Hin und Her zu erzeugen.

Die Haßreaktionen, die auf den pathologischen Affekt hinweisen, sind oft auch schon im Alltäglichen heftig. Die Gefahr ernster Gewalttätigkeiten kann so entstehen, sie verstärkt sich, wenn zu dem *paranoiden* Zug in der Persönlichkeit ein *epileptoider* hinzukommt und die Neigung zu Affektreaktionen erhöht. Es handelt sich in diesem Fall um eine sehr ungünstige Kombination der Persönlichkeitsstruktur, auf die man manchmal bei kriminellen Gewalttätigkeiten stößt.

Die paranoischen Entwicklungen, die in dieser Gestalt von der Idee einer *persönlichen Beeinträchtigung* ausgehen, können ebenso auch eine *persönliche Erhöhung* zum Inhalt haben. Menschen, die sich in große Pläne verbohren, legen sich dabei affektiv oft so sehr fest, daß sie die objektive Wirklichkeit nicht mehr sehen. Auch hier ist es eine Voraussetzung, daß ein Wechsel zwischen Erfolg und Mißerfolg besteht, so daß die Gefühle hochgeschraubt werden. Bleibt der Erfolg ganz aus, dann erschöpft sich der Affekt bald. Inhaltlich ist die überwertige Idee, auf dem Wege zu einer großen Erfindung zu sein, besonders häufig. Es können hier auch echte Erfindungen unter dem paranoischen Affekt, der die Bemühungen in Gang hält, gelingen. Haltungen, die im Sinne einer Selbsterhöhung liegen, nennt man *expansiv,* während man beim Begriff des Paranoischen im engeren Sinne nur die Beeinträchtigung im Auge hat. Man spricht hier aber genauer auch von *persekutorisch.* Auch expansive paranoische Entwicklungen findet man viel häufiger in einem kleineren Rahmen. Ehrgeizige Menschen, die mit Nachdruck einem Ziel zustreben, pflegen sich darin so zu fixieren, daß sie mit einem überstarken Affekt dabei sind.

Besonders charakteristisch ist es, wenn sich in paranoischen Entwicklungen *expansive und persekutorische Tendenzen* verbinden, wie es typisch in der Weise geschieht, daß Hindernisse, welche die Mitmenschen mit Recht oder Unrecht dem Ringen um Geltung entgegensetzen, als Kränkungen empfunden und im Sinne der Beeinträchtigung verarbeitet werden. Aus solchen Zusammenhängen heraus sind Persönlichkeiten, die eine übertriebene Ehrgeizhaltung zeigen, fast immer zugleich in Verteidigungsstellung gegenüber einer vermeintlichen mißgünstigen Umwelt. Man erkennt, daß ihr Affekt in der einen wie in der anderen Richtung übernachhaltig ist und sich dadurch zugleich hier wie dort übersteigern kann.

Zwangsneurose

Die biologisch-psychologische Gesetzmäßigkeit der Affektsteigerung wirkt sich bei den *anankastischen* Entwicklungen noch mehr aus als bei den *paranoischen.* Bei den übergenauen Persönlichkeiten, die zu den anankastischen Entwicklungen neigen, besteht kein Anhalt dafür, daß die Affekte selbst schon zur Nachdauer neigen, sie werden allein dadurch, daß sie hin- und hergeschaukelt werden, überstark.

Anankastische Persönlichkeiten können, wie wir sahen, schwer zu einem Abschluß kommen, sie möchten immer noch einmal nachprüfen, noch einmal überlegen, ob sie nicht doch etwas vernachlässigt haben und verbessern müssen. Mit diesem Zögern und Zweifeln aber setzt das Wechselspiel der Gefühle ein, das sie ansteigen läßt. Eine Anankastin fragt sich z. B. abends im Bett, ob sie den Gashahn in der Küche geschlossen hat; sie sagt sich mit Bestimmtheit, daß sie es getan hat und beruhigt sich; aber ganz gelingt dies nicht, die Befürchtung kehrt wieder; die Frau macht sich klar, daß die Gasflamme erloschen ist, daß sie also den Gashahn sicher ausgedreht haben muß und will damit zum Abschluß kommen; aber doch taucht darauf wieder der Gedanke auf, er könnte offengeblieben sein. Wenn sich dieses Spiel der Gedanken mit dem

Schwanken der Gefühle zwischen ängstlicher Besorgtheit und Beruhigung eine Zeitlang hinzieht, wächst die Angst, der Gashahn sei doch offen, so sehr an, daß die Frau schließlich aufsteht, um nochmal nach dem Gashahn zu sehen. Sie tut es, obwohl sie weiß, daß der Hahn geschlossen ist, sie kommt mit ihrer Einsicht nur nicht gegen den Affekt, der so sehr angestiegen ist, auf. So stellt sich ein Zwangsablauf dar. Die *Zwangsvorstellung,* der Gashahn sei doch offen, drängt sich der Frau durch den hochgeschraubten Affekt so sehr auf, daß sie trotz besserer Einsicht zur Handlung, d. h. *Zwangshandlung,* schreitet.

Wenn sich die Frau durch den unmittelbaren Anblick, vielleicht auch noch durch Zugreifen am Gashahn überzeugt, daß er geschlossen ist, dann wird auch in ihrem subjektiven Empfinden die Sicherheit so groß, daß sie zum Abschluß kommen kann. Es gibt aber Zwangsvorstellungen, bei denen keine Widerlegung durch unmittelbare Wahrnehmung möglich ist. Ein Mensch kann die Vorstellung haben, es sei Schmutz an seinen Händen, er kann sich durch keine Wahrnehmung vom Gegenteil überzeugen, wenn er an kleinste Teilchen, vielleicht auch an Bazillen, denkt. In solchen Fällen findet die Zwangsvorstellung mit der daran geknüpften Zwangshandlung nur schwer einen Abschluß. Die Hände müssen in Gestalt des Waschzwangs immer noch weiter gewaschen werden. So kann sich die besonders typische Zwangshandlung des Händewaschens eine halbe oder ganze Stunde oder noch länger hinziehen, bis endlich die subjektive Gewißheit, die Hände seien nun sauber, so groß ist, daß der Abschluß erfolgen kann.

Ähnliche Handlungen können auch als *Unterlassungen* auf Grund einer Zwangsvorstellung bzw., wie man besser sagen sollte, eines *Zwangsaffekts* gegen bessere Einsicht zustande kommen. Ein Mensch fragt sich am Straßenrand, ob er die Fahrbahn ohne Gefahr überschreiten kann. Er stellt normalerweise sehr schnell fest, ob eine Gefahr besteht, und geht, wenn dieses nicht zutrifft, über die Straße. Der Anankast zögert, kommt im rechten Augenblick nicht zum Entschluß, prüft noch einmal, ob nicht doch eine Gefahr droht, beruhigt sich, um im nächsten Augenblick wieder seine Befürchtung zu haben. d. h., es setzt das gleiche Hin und Her ein, das geschildert wurde. Der Mensch ist schließlich von solch heftiger Angst erfüllt, daß er die Straße nicht mehr betreten kann. Solche *Zwangsunterlassungen* werden als *Phobien* bezeichnet.

Es wird in dem geschilderten Fall nicht schon bei den ersten Unentschiedenheiten am Straßenrand zur Unfähigkeit kommen, die Straße zu betreten. In einem Augenblick, in welchem diese besonders eindeutig frei ist, gelingt das Überqueren. Wenn sich die gleiche Erschwerung aber öfter wiederholt hat, dann bleibt ein Affekt zurück, so daß die Angst beim nächsten Mal schon von Anfang an größer ist. Das gleiche gilt für Zwangshandlungen. Das Waschen der Hände dauert beim ersten Auftauchen der Zwangsvorstellung noch kaum länger als normal, aber der überhöhte Affekt, der dabei schon entstanden ist, geht in das nächste Mal mit ein.

Auf diese Weise können Gefühle, die im Beginn kaum merklich sind, zu tiefen Affekten anwachsen. Ein Mensch kann die törichte Idee haben, er müsse bis 10 zählen, damit nicht etwas Unangenehmes eintritt. Der Anankast kann sich so lange und immer wieder mit dem Gedanken beschäftigen, sich in dem Hin und Her beunruhigen und wieder beruhigen, bis ihn tatsächlich eine schwere Angst dazu zwingt, immer wieder in dieser Weise zu zählen. Da der Gedanke kommen kann, ein kurzes Zählen reiche nicht aus, müssen manche Zwangskranke große Reihen zählen und das gleiche in gewissen Abständen immer von neuem tun. Man spricht von einem *Zählzwang.* Wegen des Beginns aus unscheinbaren Gefühlsabläufen wissen viele Zwangsneurotiker überhaupt nicht mehr, was sie eigentlich befürchten, warum z. B. die Hände bis aufs äußerste sauber sein sollen. Nur manche denken an Bazillen, andere haben keine Gefahr vor Augen, sondern wollen nur sauber sein. Allein das unangenehme Gefühl, daß die Hände nicht ganz sauber sein könnten, wächst zu der Stärke an, daß es den Anankasten für die meiste Zeit seines Tagesablaufs in seinen Bann ziehen kann. Bei Menschen, die geschlossene Räume nicht betreten können, erfährt man selten etwas Genaueres, was sie eigentlich befürchten. Sicher stehen im Beginn Vorstellungen von der Art, daß in engen Räumen die Luft schlecht ist, oder daß es im Falle einer akuten Gefahr kein schnelles Entkommen gibt, eine Rolle. Aber diese Besorgnisse waren so gering, daß sie den Kranken später gar nicht mehr in Erinnerung sind.

Man meint manchmal, das Fehlen bestimmter Zwangsvorstellungen sei nur den Phobien eigen und unterscheide diese von einer echten Zwangsneurose. Aber auch bei Zwangshandlungen schwebt den Kranken oft nur sehr unbestimmt vor, was sie eigentlich befürchten. Wenn man eine Unterscheidung trifft, dann kann sie nur gradueller Natur sein. Die Krankheit ist weniger schwer, wenn nur Phobien vorliegen, d. h. etwa eine Straße nicht überquert werden kann *(Agoraphobie)*, der Aufenthalt im geschlossenen Raum unmöglich ist *(Klaustrophobie)*, spitze Gegenstände nicht berührt werden können, nicht über Brücken gegangen, der Fahrstuhl nicht benützt, nicht auf Türme gestiegen werden kann u. ä. m. Bei schwereren Formen sind Zwangshandlungen mit solchen Zwangsunterlassungen verbunden. Eine gewisse Beschränkung auf bestimmte Gebiete ist bei der Zwangsneurose auch in schweren Fällen erkennbar; wenn eine Festlegung auf bestimmte Zwangserscheinungen erfolgt ist, dann wird der Kranke davon sichtlich so sehr in Anspruch genommen, daß er dadurch von anderen Möglichkeiten abgelenkt wird.

Der Affekt, der im Mittelpunkt der Zwangsneurose steht, ist die *Angst*. Sie tritt beim Kranken in dem Augenblick auf, in dem er entgegen seinem Zwang handeln möchte, und veranlaßt ihn, doch wieder zurückzuschrecken. Daß es sich gerade um diese Affektart handelt, wird man verstehen, wenn man sich klarmacht, daß es nicht um eine objektlose Angst geht, sondern um eine Angst vor etwas. Dadurch wird die Beziehung zu der Befürchtung hergestellt, die im Beginn des Zwangssymptoms steht, eben daß der Gashahn nicht geschlossen sei, die Hände noch nicht sauber seien, daß in engen Räumen eine Gefahr drohe, usw. Wenn diese Befürchtungen im Wechselspiel der Gefühle immer mehr verstärkt werden, dann gilt das nur für ihren affektiven, nicht auch ihren gedanklichen Anteil, so daß dieser in der übersteigerten Angst, die sich schließlich entwickelt hat, außerordentlich zurücktritt, manchmal so sehr, daß man meinen könnte, die Angst sei objektlos. Sie ist es niemals ganz, immer schwebt den Kranken doch vor, daß etwas Schlimmes eintreten könnte, wenn sie entgegen ihrem Zwang handeln würden, mag es auch nichts Bestimmtes mehr sein, woran sie denken.

Manchmal spielt sich die Zwangserscheinung nur im Bereich des Denkens ab, indem nicht Zwangshandlungen oder Zwangsunterlassungen vorliegen, sondern ein *Zwangsgrübeln* besteht. Manche Kranke müssen ständig über unlösbare oder schwer lösbare Fragen, vor allem philosophischer und religiöser Art, nachgrübeln. Auch hier steht hinter der Zwangserscheinung die Befürchtung, bei Unterdrückung der inneren Frage könnte etwas Nachteiliges eintreten, so daß wieder die Angst erscheint, wenn der grüblerische Gedanke abgeschaltet werden soll.

In seltenen Fällen wird das Zwangssyndrom allerdings nicht von einer Angst, sondern einem *sexuellen Lustgefühl* beherrscht. Hier werden die Kranken ständig von sexuellen Vorstellungen und Gefühlen bedrängt. Sie möchten sie unterdrücken, weil sie das Sexuelle, insonderheit in Form wollüstiger Vorstellungen, verabscheuen, aber zwangsartig sind die Gedanken und Gefühle doch immer wieder da. Dieses sexuelle Zwangsdenken tritt auf, wenn der Mensch in einer prüden Haltung bemüht ist, das Sexuelle zu verdrängen, aber wegen einer starken Triebhaftigkeit nicht zum Ziel kommt. Statt daß die Gedanken, die abgeschaltet wurden, wirklich verschwinden, treten sie nur vorübergehend zurück. Sie sind, vom Trieb her erregt, bald wieder da und müssen von neuem verdrängt werden. So kommt es zu einem inneren Kampf zwischen der moralischen Tendenz und den sexuellen Gefühlen, die wieder hin- und hergeschaukelt und in die Höhe geschraubt werden. Die Kranken erreichen das Gegenteil von dem, was sie wollen. Man kann sie heilen, wenn man sie veranlaßt, ihren vergeblichen Kampf einzustellen. d. h. die sexuellen Gedanken kommen zu lassen und am besten noch innerlich auszukosten. Jetzt hört das Wechselspiel auf, die Gefühlshöhe geht zurück, und die Gedanken verlieren mehr und mehr ihre zwanghafte Aufdringlichkeit.

Ahnliche Zusammenhänge liegen beim *Kampf gegen Masturbation* vor. Die Jugendlichen können die Sexualität nicht unterdrücken, die Gefühle kommen immer wieder und wachsen nur erst recht an, wenn sie immer wieder von neuem zurückgedrängt werden. So wird auch hier das Gegenteil erreicht, die sexuellen Gefühle werden im inneren Kampf in die Höhe geschraubt und erzwingen nun erst recht die Masturbation.

In der Entstehung der Zwangsneurose sind, wie bei allen Neurosen, sowohl *innere wie äußere Umstände* maßgebend. Bei schweren Formen schätzt man den inneren Anteil viel höher ein.

Menschen, die von Natur nicht nur übergenau sind, sondern in einer schweren Form zum Zweifeln und Zögern neigen, sind in Gefahr, auch ohne wesentlich belastende äußere Vorgänge zwangsneurotisch zu werden. Mehr oder weniger zufällig gerät die eine oder andere Situation in das Wechselspiel des Zweifels und wird zum Ausgangspunkt einer Zwangsvorstellung. Auf der anderen Seite stehen Fälle, bei denen das äußere Geschehen ganz in den Vordergrund tritt. Wer beim Überqueren einer schmalen Brücke ins Wasser fiel, kann unfähig werden, ähnliche Brücken fortan zu überschreiten, weil die zurückbleibende Angst bei den nächsten Versuchen ein Zweifeln und Zögern erzeugt, das die Angst anwachsen läßt. Wer wegen einer Betriebsstörung längere Zeit in einem Fahrstuhl eingeschlossen blieb, kann ihn vielleicht nie mehr betreten, wer einen Autounfall gehabt hat, kann vielleicht kein Auto mehr besteigen, wer auf der Straße einen Schwächeanfall erlitten hat, wagt sie fortan vielleicht nicht mehr zu überqueren usw. Immer geht es nicht nur darum, daß eine Angst zurückbleibt, sondern daß bei Versuchen, wieder frei zu handeln, oder auch schon beim Vorsatz dazu das innere Zweifeln einsetzt und der Affekt verstärkt wird. Die Angst würde sonst allmählich zurückgehen.

Der anankastische Wesenszug ist nicht der einzige, der bei einer Zwangssymptomatik bedeutsam ist. Menschen, die zugleich einen *subdepressiven* Zug haben, neigen auch dazu. Zyklothyme können in depressiven Zuständen Zwangssymptome bekommen, um sie später wieder zu verlieren. Periodisch verlaufende Zwangsneurosen erklären sich manchmal in dieser Weise, doch können auch einschneidende Ereignisse mehrmals für eine gewisse Zeit eine Zwangssymptomatik in Gang bringen. Eine *hypomanische* Beweglichkeit scheint die Entwicklung einer schweren Zwangsneurose zu verhindern. Phobien dagegen sieht man oft auch bei einem hypomanischen Temperament. Man kann dann gelegentlich beobachten, daß hier etwas mit phobischer Scheu gemieden, dort etwas aber mit hypomanischer Sorglosigkeit betrieben wird. Eine Persönlichkeit dieser Art kann z. B. heftige Angst vor engen Räumen haben, zugleich aber waghalsig Auto fahren.

Eigenartigerweise scheint eine *übernachhaltige* Wesensart die Zwangssymptomatik, wie wir sie bisher beschrieben haben, kaum zu fördern. Man würde das nicht erwarten, da die paranoischen Entwicklungen den anankastischen doch verwandt erscheinen. Vielleicht widerspricht die Überängstlichkeit, die zur anankastischen Entwicklung gehört, dem selbstbewußten und streitbaren Verhalten der Paranoiden zu sehr. Es scheint sich dies dadurch zu bestätigen, daß anankastische Entwicklungen, die nicht nach außen gerichtet sind, sondern der eigenen Gesundheit gelten, sogar sehr häufig durch einen übernachhaltigen Zug vertieft werden. Wir werden das in den späteren Ausführungen sehen.

Erwartungsneurose

Während bei der Phobie oder Furchtneurose, wie man sagen könnte, das Drohende außerhalb liegt, findet es sich bei der *Erwartungsneurose*, wie ich den Begriff gefaßt haben möchte, im Patienten selbst. Er fürchtet den Verlust einer Fähigkeit, die er sonst besitzt. Es handelt sich um Leistungen, denen er sich mit der Angst zuwendet, sie würden mißlingen. Unter der Erwartungsspannung gelingen sie dann tatsächlich nicht.

Der *stotternde* Neurotiker, der hier in erster Linie einzuordnen ist, zeigt eine organisch völlig gesunde Sprachmotorik. Es besteht von dieser Seite her also gar kein Grund dafür, daß die Worte nicht tadellos herauskommen; wenn er jedoch seinen sprachlichen Äußerungen mit gespannter Erwartung entgegensieht, mißlingen sie. Im Sprechen reihen sich in rascher Folge sehr viele Einzelartikulationen aneinander, sie können nicht alle bewußt überwacht werden, sondern sind weitgehend automatisiert, sofern der Mensch fließend zu sprechen gelernt hat. Die dauernde Übung in der Kindheit hat diese Automatisierung herbeigeführt. Vom Denken her werden die Worte nur noch angeregt, die Artikulation erfolgt von selbst richtig. Die motorische Eigenleistung erleidet im Gegenteil eine Störung, wenn sie vom Bewußtsein her nicht nur angestoßen, sondern in ihrem einzelnen Ablauf gelenkt werden soll. Die stotternden

Neurotiker versuchen das. Sie sind beim Sprechen von der ständigen ängstlichen Erwartung erfüllt, die Artikulation werde mißlingen. Sie suchen mit bewußter Zuwendung den Fehler zu vermeiden, aber ihre Anstrengung führt zu keiner Verbesserung, sondern nur dazu, daß die Spannung den Ablauf hemmt. Man darf daran erinnern, daß der Mensch schon normalerweise unter starker Spannung oft kein Wort herausbringt. So entsteht das *tonische* Stottern, bei dem große Pausen im Sprechakt auftreten; das *klonische* Stottern kommt dadurch zustande, daß der übertriebene Impuls, der in den Sprechakt eingreift und das fließende Fortschreiten behindert, gleichzeitig den motorischen Einzelakt, der eben angeregt ist, intensiver, d. h. wiederholt, hervorruft. Es ist eher die geringere Spannung, die zu solchen Wort- und Silbenwiederholungen führt, während die größere nur noch eine allgemeine Verkrampfung der Sprachmuskulatur erzeugt.

Wenn bei stotternden Kranken die Artikulation nicht gelingt, pflegen Muskelbewegungen an falscher Stelle aufzutreten. Am häufigsten sind Zuckungen im Gesicht, sie können aber auch den Rumpf, die Arme und die Beine betreffen. Teils fließen hier die verkrampften Intentionen, die an der richtigen Stelle nicht wirksam werden können, in falsche Muskelgruppen, so daß man von *Mitbewegungen* sprechen kann, zum Teil haben sich die Patienten diese Bewegungen aber angewöhnt, weil sie durch sie besser über ihre Hemmung hinwegkommen. Letzteres trifft vor allem dann zu, wenn sich die Bewegungen in einem den Sprachmuskeln fernen Gebiet abspielen, vielleicht sogar in einem Bein, das z. B. eine rudernde Bewegung ausführen kann, wenn der Sprechvorgang stockt. Der Erfolg solcher Handlungen rührt daher, daß sich der Patient damit von seinem Sprachvorgang ablenkt, der dann ohne die störende Spannung von selbst richtig abläuft.

Die Erwartungsangst ist als Ursache des Stotterns da ganz besonders deutlich, wo die Hemmung bei bestimmten Silben und Buchstaben auftritt. Die Kranken fürchten beim Sprechen besonders Worte, die diese Laute enthalten und suchen ihre Rede so zu lenken, daß sie solche Worte vermeiden können, bleiben aber unvermeidlich hängen, wenn sie sie doch gebrauchen müssen. Bei den meisten stotternden Patienten besitzen einzelne Laute eine verstärkte, wenn auch nicht die alleinige Bedeutung im Sinne ihrer ängstlichen Erwartung.

Die neurotische Angst der stotternden Patienten kommt durch die gleiche anankastische Entwicklung zustande wie eine Phobie. Im Beginn der Störung im Kindesalter findet man häufig eine objektive Verängstigung; es ist verständlich, wenn das Kind gelegentlich vor Angst kein Wort herausbringt. Durch die Sprachhemmung entstehen ihm jetzt zusätzliche Belastungen, sei es, daß es von einem ungeeigneten Erzieher erst recht verängstigt wird, sei es, daß schon der Spott anderer Kinder einsetzt. Letzteres trifft vor allem zu, wenn die Störung in klonischer Form hervortritt. Sobald das Kind aber die sprachliche Hemmung selbst als unangenehm empfindet, setzt die pathologische Entwicklung ein. Es wird zwischen Erleichterungen, wenn es einmal besser sprach, und Enttäuschungen, wenn es von neuem mißlang, hin- und hergeworfen. Damit schraubt sich der Affekt in die Höhe, so daß an den Sprechakt nur noch mit Angst herangegangen wird. Man könnte direkt von einer *Phobie gegenüber Worten und Silben* sprechen, die nur nicht ähnlich gemieden werden können wie Plätze, Türme oder spitze Gegenstände.

Mit der Stotterneurose ist die *Beschäftigungsneurose* sehr verwandt. Sie tritt bei gleichförmig fortlaufenden Tätigkeiten auf, bei handwerklicher Arbeit, beim Nähen, beim Tragen, bei den verschiedenen Formen musikalischer Tätigkeit, besonders Klavierspielen, Geigen, Blasen, sowie vor allem beim Schreiben. Der *Schreibkrampf* stellt die wichtigste Form der Beschäftigungsneurose dar, er kann auch das Maschineschreiben betreffen. Ganz allgemein werden von der Störung wieder Handlungen betroffen, die normalerweise automatisiert sind und durch eine bewußte Zuwendung gestört werden. Das Schreiben zeigt die Verwandtschaft mit dem Sprechen auch unmittelbar.

Die pathologische Entwicklung kommt zustande, indem sich die besorgte Aufmerksamkeit den Muskelgebieten, die bei der anhaltenden Tätigkeit vielleicht gewisse Ermüdungserscheinungen zeigen, zuwendet. Unter der Selbstbeobachtung, in der sich die Kranken ängstigen und doch immer wieder beruhigen, steigt der Affekt an. Immer mehr kommt es dazu, daß die Handgriffe mit Erwartungsspannung begonnen und fortgeführt werden. Die Sorge, es bereite sich eine ernstere Störung vor, verstärkt sich, wenn eine Berufsarbeit, die an die betreffende Bewegungsform gebunden ist, bedroht wird. Damit hängt es zusammen, daß Musiker relativ häufig erkranken, denn ihr spezieller Beruf, der an ihre Begabung geknüpft ist, läßt sich nicht einfach auswechseln. Ein Fabrikarbeiter dagegen findet eine andere Tätigkeit, wenn der Arm bei seiner jetzigen versagt. Da ihm so keine große Gefahr droht, sieht man die Beschäftigungsneurose bei Fabrikarbeitern selten, obwohl diese oft ungemein einförmig immer wieder die gleichen Handgriffe ausführen. Im Laufe der Neurose erhöht sich neben der Sorge auch der Affektwert der geringfügigen Ermüdungserscheinungen, die immer lästiger empfunden werden.

Häufig tragen falsche ärztliche Maßnahmen dazu bei, daß der Patient mit seiner Sorge nicht zur Ruhe kommt. Die Ärzte fassen das Leiden oft als organisch auf, geben zweifelhafte Auskünfte und halten durch ihre körperlichen Behandlungsmethoden die Aufmerksamkeit des Patienten bei seinem vermeintlich kranken Arm fest.

Die Störung im Muskelgebiet äußert sich wie beim Stottern dahin, daß der Bewegungsablauf unter der Spannung nicht mehr fließend ist, daß Stockungen eintreten und auch Zittererscheinungen, die man den Klonien des Stotterns vergleichen kann. Die Stockungen gehen mit dem subjektiven Gefühl der Verkrampfung einher, wie die Bezeichnung des Schreibkrampfs bestätigt. Bläser klagen dementsprechend, daß sich ihre Lippen verkrampfen. Es besteht aber kein unmittelbarer Zusammenhang von psychischer und körperlicher Spannung, so daß auch lähmungsartige Empfindungen die Hemmung begleiten können.

Aus der Tatsache, daß bei Zuwendung zu einem Muskelgebiet Spannungen auftreten können, erklärt sich ein weiteres Zwangssyndrom, nämlich der *psychogene Tic,* bei dem Gesichts- oder Schulterzuckungen auftreten, mit den Augen geblinzelt oder auch in ständiger Wiederholung geräuspert oder hörbar stark aufgeatmet wird. Im aktiven Bemühen, die Bewegung zu unterdrücken, was in einer übertriebenen Art geschieht, entsteht ein Spannungsgefühl, das immer wieder durch eine Tic-Bewegung gelöst wird. Anscheinend gerät der Muskel hier durch die Zuwendung und den inneren Kampf, ob er bewegt werden soll oder nicht, tatsächlich in einen gewissen Verkrampfungszustand, der mit der Bewegung schwindet. Wenn sich diese in der geschilderten Art oft wiederholt, dann automatisiert sie sich schließlich, so daß sie jetzt auch unbewußt immer wiederkehrt. Man kann den Tic insofern mit den Mitbewegungen beim Stottern vergleichen, die sich ebenfalls automatisieren. So vermögen Spannungen einerseits Bewegungen bis zur Automatisierung zu erzeugen und andererseits Bewegungen, die normalerweise automatisiert sind, zu zerstören.

Am Beginn eines Tic können begründete Bewegungen stehen, indem etwa eine Entzündung der Augen einen häufigen Lidschlag bedingt oder eine Affektion des Rachens ein gehäuftes Räuspern. Vielleicht setzte die Störung im letzteren Fall damit ein, daß in einer Versammlung das begründete Bedürfnis bestand, immer wieder zu räuspern, aber zugleich das Bemühen, es im Interesse der allgemeinen Ruhe zu unterdrücken. Durch den inneren Kampf, ob das Unlustgefühl, das sich aus Kitzelreiz und Spannung im Hals zusammensetzt, ertragen werden soll oder durch Räuspern beseitigt werden darf, wächst es wieder an und erzwingt schließlich die Lösung. In Konzerten entsteht auf diese Weise oft ein schwer zu unterdrückender Reiz, der ansteckend wirkt, so daß sich mit Vorliebe gleich mehrere nacheinander räuspern.

Manchmal findet man im Hintergrund eines Tic eine Befürchtung. Wenn die Patienten immer wieder tief Atem holen müssen, haben sie meist die Vorstellung, sie könnten sonst ersticken. In anderen Fällen kann man nichts Genaueres über die Entstehung eines Tic ermitteln. Da der Gefühlston, wie wir bei der Zwangsneurose sahen, oft von geringsten Anfängen in die Höhe geschraubt wird, genügt es vielleicht, wenn ein Mensch in einem inneren Konflikt, wie es häufig ist, äußerlich gewisse Unruheerscheinungen zeigt und anfängt, dagegen anzukämpfen, statt zu warten, bis sie sich von selbst wieder verlieren. Dem entspricht es, daß man *allgemeine seelische Spannungen* bei Beginn eines Tic fast nie vermißt. Die Spannungen sind im allgemeinen unspezifisch, haben also keinen sinnvollen Zusammenhang mit den Gestaltungen des Tic. Dieser hat dementsprechend nicht Symbolcharakter, wie es manche Psychotherapeuten glauben.

Zum Tic kann man auch den *Torticollis spasticus* rechnen, da der Kopf, der aktiv in der Mitte gehalten werden soll, immer wieder zur Seite geht. Die Zusammenhänge liegen bei dieser Störung aber insofern komplizierter, als immer an eine organische Genese, d. h. an eine Schädigung im Hirnstamm, zu denken ist.

Dem Stottern und Schreibkrampf ist eine weitere Erwartungsneurose vergleichbar, nämlich die *Erythrophobie*. Durch die ängstliche Erwartung werden auch hier unwillkürliche Bewegungsabläufe beeinflußt, jedoch nicht automatisierte Bewegungen, sondern vegetativ-motorische Abläufe. Das einfache Erröten aus Verlegenheit ist normal und bei Menschen mit vasomotorischer Erregbarkeit oft recht erheblich. Eine neurotische Störung wird daraus erst, wenn es aus einer phobischen Erwartung heraus auftritt. Da das normale Erröten nach außen hin eine Verlegenheit offenkundig werden läßt, ist es dem Menschen unangenehm. Er fängt an, sich in Selbstbeobachtung damit zu beschäftigen, möchte es unterdrücken und kann es doch nicht, da es sich um einen unwillkürlichen Ablauf handelt. Es kommt zur Erwartungsfurcht, die das Erröten nun erst recht hervortreten läßt. So stellt sich die Erythrophobie als eine pathologische Furcht vor dem Erröten und zugleich als ein übermäßiges Erröten bei ungenügenden Anlässen dar.

Eine in ihrer Entstehung besonders charakteristische Erwartungsneurose ist die *psychogene Impotenz*. Sie ist insofern der Erythrophobie verwandt, als ebenfalls eine Störung vegetativer Abläufe erfolgt. Das erste Mißlingen des normalen Verkehrs ist häufig noch ganz verständlich, da Heranwachsende nicht selten glauben, sie müßten ihre eingetretene Männlichkeit beweisen. Sie versuchen den Verkehr also nicht aus echter innerer Bereitschaft, sondern aus bewußter Absicht. Ein Mißlingen ist in diesem Fall biologisch nur natürlich, da die sexuellen Vorgänge nicht mit dem Verstand zu regeln sind. Häufig folgt einem derartigen Mißlingen aber nicht die bessere Einsicht, sondern es entsteht die Befürchtung, daß eine echte sexuelle Schwäche vorliege. Daher wird der nächsten sexuellen Intimität mit Zweifel und Furcht entgegengesehen. In anderen Fällen knüpft sich an den Gedanken des Sexualverkehrs von Anfang an ein besorgtes Zweifeln, das dem unbekannten Neuen gilt. Aus der einfachen Furcht wird eine Phobie, wenn ein Grübeln einsetzt und zu dem Wechselspiel der Gefühle zwischen Befürchtung und Hoffnung führt. Je stärker aber der Affekt ist, desto sicherer tritt beim nächsten Versuch wieder ein Versagen ein, denn die körperlich-sexuellen Funktionen sprechen auf eine Spannung, die nur teilweise Libido, teilweise aber phobische Angst ist, nicht genügend an.

Man könnte sich fragen, ob man dabei ein störendes Eingreifen der ängstlichen Zuwendung in die vegetativ-motorischen Vorgänge annehmen muß oder ob nicht schon die Störung der sexuellen Stimmung selbst, die durch die Angst zwangsläufig erfolgt, ausreicht, um das mangelnde vegetative Reagieren zu erklären. Die *Ejakulatio praecox*, eine häufige Sonderform der psychogenen Impotenz, zeigt aber, daß nicht einfach von einem Mangel zu sprechen ist, sondern die vegetative Funktion auch in der Art ihres Ablaufs in Unordnung geraten kann. Beide Formen von Impotenz gehen oft ineinander über, die Erektion kann unvollkommen sein und doch mit einer vorzeitigen Ejakulation einhergehen. Bei der psychogenen Impotenz ist in der Psychotherapie oft besonders eindrucksvoll zu beobachten, wie die Störung schwindet, wenn man die Erwartungsangst beseitigt hat.

Es gibt für die Neurotiker noch manche *weitere Möglichkeiten*, vegetative Abläufe durch eine *ängstliche Erwartung* zu stören. Manche fürchten z. B., nicht mehr schlucken zu können, und zeigen im Bemühen darum tatsächlich eine Erschwerung. Das Schlucken läuft normalerweise reflektorisch ab, wenn der Bissen die richtige Stelle im Rachen erreicht hat. Durch Bewegungen der Zunge und des Gaumens kann man den Akt willkürlich in Gang bringen, doch nicht unbeschränkt. Ganz ohne Speise und auch ohne Speichel, den man zu diesem Zweck mit der Zunge in den Rachen befördert, ist das willkürliche Schlucken schwierig. Patienten, die fürchten, an einer Schlucklähmung zu erkranken, und ihre Fähigkeit dauernd nachprüfen, stellen daher sehr schnell eine objektive Erschwerung fest. Der Reflex selbst, der vom Speisebrei ausgelöst wird, läßt sich allerdings von der neurotischen Zuwendung her nicht ernstlich stören. Er liegt der Willkür doch noch ferner als die Vasomotorik.

Andere Neurotiker leben in der phobischen Angst, das Wasser im entscheidenden Moment nicht mehr halten zu können, also z. B. im Theater oder in einem Fahrzeug ohne Klosett in Schwierigkeiten zu geraten. Da sie die entsprechenden Gelegenheiten dann oft ganz vermeiden, erkennt man eine Beziehung zur Klaustrophobie. Die Blaseninkontinenz, die durch die gespannte Zuwendung gestört wird, pflegt in solchen Fällen zwar nicht ernstlich zu versagen, aber es entsteht doch ein Drang, der auf einen abnormen Kontraktionszustand der Blase hinweist.

Zwanghaft kann auch ein *psychogenes Erbrechen* sein. Auf hysterischer Grundlage wird ein Erbrechen von den Kranken oft behauptet, aber es geht hier selten über ein Herauswürgen von Rachenschleim hinaus. In ängstlicher Erwartung erbrechen Neurotiker dagegen manchmal so häufig, daß sie darüber abmagern. Wahrscheinlich muß eine individuelle Bereitschaft hinzukommen, wenn der vegetative Vorgang des Erbrechens in diesem ausgeprägten Maße von einer psychischen Spannung her in Gang gebracht werden kann. Durch die Abmagerung entsteht eine Beziehung zur *Anorexia nervosa,* die aber neben der neurotischen eine endokrine Grundlage hat und besonders Mädchen in der Pubertät (Pubertätsmagersucht) oder Erwachsene von infantiler Art betrifft.

Auf einer Erwartungsneurose kann auch eine chronische *Einschlafstörung* beruhen, indem die Kranken jeden Abend mit Sorge achtgeben, ob sich der Schlaf auch einfinden wird. Die Erwartungsspannung verscheucht ihn im Gegenteil, indem sie auch hier den vegetativen Ablauf stört.

Wie ich die Erwartungsneurosen darstellen konnte, war zu erkennen, daß es sich wieder durchaus um *anankastische* Formen der Entwicklung handelt. Die Zuwendung zu willkürlichen oder unwillkürlichen Vorgängen des Körpers, die mit einer fürchtenden und zweifelnden Erwartung einhergeht, führt zu dem Schwanken des Gefühls, das sich zwischen Befürchtung und Beruhigung in die Höhe schraubt. Mit der Angst wächst die Spannung, die in besonderem Maße geeignet ist, motorische und vegetative Abläufe zu stören. Es ist verständlich, daß großenteils wieder *anankastische* oder *wenigstens* übergenaue Persönlichkeiten betroffen werden.

Bei den *Stotterpatienten* finden sich daneben viele *ängstliche* Naturen, bei denen die geringere Bereitschaft zum Zweifeln und Grübeln durch die größere Affekterregbarkeit ersetzt wird. Da die Ängstlichkeit mit einer Schreckhaftigkeit einherzugehen pflegt, werden solche Menschen überdies sehr leicht in körperliche Spannungen versetzt, in denen sie nicht mehr ordentlich sprechen können. Ungünstige *Ausgangserlebnisse* sind somit hier besonders leicht möglich. Auch anankastische und vielleicht zugleich ängstliche Menschen werden aber nicht aus sich selbst heraus zu Stotterern, sondern es muß auch hier eine ungünstige Einwirkung von außen hinzukommen, um die Störung entstehen zu lassen.

Bei der *Beschäftigungsneurose* sind neben den *Anankasten* die *übernachhaltigen* Persönlichkeiten häufig. Die Verhältnisse liegen hier so, wie wir sie auch bei den hypochondrischen Zuständen finden werden. Die Nachhaltigkeit des Affekts verstärkt die Gefahr der vermehrten Zuwendung zum eigenen Körper. Auch bei den *Erythrophoben* sind vielfach übernachhaltige Wesenszüge neben den anankastischen zu finden. Die Erklärung kann sich hier auch dadurch ergeben, daß die Beschämungen, die mit dem Erröten verbunden sind, von ehrgeizigen Menschen stärker empfunden werden. Die Patienten mit *psychogener Impotenz* sind fast alle von anankastischer Wesensart.

Ein *Konflikt* kann durch die inneren Spannungen, die er erzeugt, alle Formen von Erwartungsneurosen begünstigen. Am meisten ist er wohl beim psychogenen Tic beteiligt, da er oft eine neurasthenische Unruhe erzeugt, die Übergänge zum Tic zeigen kann. Das *Nägelknabbern* der Kinder ist häufig neurasthenisch, hat aber in seinem zwanghaften Charakter zugleich eine Beziehung zum Tic.

Hypochondrische Neurose

Die *hypochondrische Neurose* ist der *Zwangsneurose* in ihrer Entstehungsweise sehr verwandt. Befürchtungen stehen in beiden Fällen im Vordergrund, sie richten sich nur in einem Fall nach außen, im anderen Fall auf den eigenen Körper. Man kann von *Nosophobien* sprechen, für deren Sonderformen teilweise auch Namen geprägt wurden, wie *Karzinophobie, Luophobie.* Die häufigste Form, die das Herz betrifft, kann man als *Kardiophobie* bezeichnen. Die Entwicklung der hypochondrischen Neurose vollzieht sich wie bei der anankastischen Form, indem aus einer anfänglich nur leichten Befürchtung schließlich eine schwere Angst wird. Oben wurde als Grundbeispiel einer neurotischen Entwicklung bereits eine hypochondrische kurz geschildert.

Das *Ausgangserlebnis* ist oft eindrucksvoller als bei den zwangsneurotischen Formen. Ein Zustand tatsächlichen *körperlichen Mißbehagens* kann die Aufmerksamkeit auf den Körper lenken, selten ist es aber eine wirkliche Krankheit, viel häufiger handelt es sich um vorübergehende Beschwerden im Bereich des vegetativen Nervensystems. Nach Überanstrengung, durchwachter Nacht, nach Alkoholgenuß, noch häufiger nach Kaffeegenuß bekommt der Mensch nicht selten einen Zustand von Beklemmung und Herzklopfen. Man kann von vegetativen *Ausnahmezuständen* sprechen, die manchmal auch ohne erkennbare Ursachen auftreten. *Basedowoide* und mehr noch *tetanoide* Dystonien können sie begünstigen. Gar nicht selten steht im Beginn einer hypochondrischen Neurose sogar ein leichter tetanischer Anfall mit einer Verkrampfung der Arme und Blutleere der Finger. Derartige Ausnahmezustände oder auch schon die chronischen Beschwerden, die durch die vegetativen Dystonien bedingt werden, wecken die ersten Befürchtungen von seiten des Patienten. In anderen Fällen ist es ein *äußeres Erlebnis,* das die hypochondrische Neurose in Gang bringt. Vielleicht starb, wie es im obigen Beispiel gesagt wurde, ein Freund an Herzinfarkt. Es kann aber auch schon genügen, daß in einem aufklärenden Vortrag sehr eindringlich gemahnt wurde, ja die ersten Zeichen eines Karzinoms, z. B. des Unterleibs, nicht zu übersehen.

Eine Befürchtung, die in dieser oder ähnlicher Weise geweckt wurde, verflüchtigt sich wieder, wenn sie nicht durch weitere innere und äußere Erlebnisse wachgehalten wird. Leider geben oft die unbestimmten oder auch erschreckenden Äußerungen der Ärzte Anlaß dafür, daß es zu dem gefährlichen Hin und Her zwischen Befürchtung und Beruhigung kommt, in welchem sich der Affekt hochschraubt. In anderen Fällen kann eine Folge ähnlich gelagerter Erlebnisse die gleiche Wirkung haben. Vielleicht sterben mehrere Bekannte nacheinander an Herzinfarkt, oder es warnen Aufklärungsplakate, Zeitung und Rundfunk in der gleichen Zeit vor einer bestimmten Krankheit. Oft auch sorgt der Patient selbst dafür, daß eine einmal geweckte Befürchtung nicht zur Ruhe kommt, indem er ihr immer von neuem nachgeht, grübelt, andere Menschen nach Krankheitssymptomen fragt, in Büchern nachliest usw. Er schraubt auf diese Weise seine Angst selbst in die Höhe, so daß sie bereits phobisch sein kann, wenn der Arzt zum ersten Mal aufgesucht wird.

Es sind besonders wieder *anankastische* oder wenigstens *übergenaue* Menschen, die sich so verhalten. Sie können sich von einer Befürchtung, die ihnen einmal kam, nicht lösen, sondern beschäftigen sich grüblerisch immer weiter mit ihr. Außerordentlich häufig sind sie zugleich *übernachhaltig.* Die beiden Wesenszüge, die im besonderen Maße zu einer psychischen Entwicklung tendieren, verstärken sich im Bereich des Hypochondrischen sehr. In gewissem Maße sind auch die Persönlichkeiten, die von Natur *ängstlich* sind, gefährdet, in eine hypochondrische Entwicklung zu geraten. Da sie schon beim ersten Erlebnis mehr erschrecken als andere, erreicht der Affekt in der Entwicklung schneller eine größere Tiefe. Ferner ist ein *subdepressiver* Zug geeignet, hypochondrische Befürchtungen zu verstärken. Es kann besonders schwierig werden, die Nosophobie psychotherapeutsich zu beseitigen, wenn eine Kombination der disponierenden Wesenszüge vorliegt. Die Fixierung ist andererseits geringer, wenn sich neben einer übergenauen oder auch einer übernachhaltigen Art zugleich ein *hypomanischer* Zug findet. Bei sehr ungünstigen äußeren Abläufen sind manchmal gar *keine akzentuierenden Wesenszüge,* welche die Entwicklung begünstigen, festzustellen.

Es war bisher nur von der *Befürchtung,* krank zu sein, die Rede. Es kann bei hypochondrischen Zuständen aber etwas Zweites hinzukommen. Viele Kranke äußern *körperliche Beschwerden,* die sie sich nach ihrer Schilderung nicht nur vorstellen, sondern wirklich haben. Je nachdem, ob die vermeintliche Krankheit nur in der *Idee* vorhanden ist oder ob auch Sensationen bestehen, spreche ich von *ideohypochondrisch* einerseits und *sensohypochondrisch* andererseits. Allerdings ist nicht jedes körperliche Unbehagen schon im Sinne der Mißempfindungen zu deuten. Ein Mensch, der sich herzkrank oder magenkrank glaubt, kann in jedem Fall in der Gegend des entsprechenden Organs etwas empfinden. Kardiophobe Kranke haben immer ein gewisses Beklemmungsgefühl auf der Brust, das sie auch bis in den linken Arm hinein spüren können, wenn sie wissen, daß dies bei echten Herzkrankheiten häufig ist. Sensohypochondrische Erscheinungen sind viel plastischer, die Kranken schildern in sehr bestimmter Weise, wie sie an dieser oder jener Stelle etwas spüren. Als hypochondrisch sind die Klagen dadurch zu erkennen, daß sie trotz der plastischen Schilderung nicht dem entsprechen, was ein psychisch gesunder Mensch körperlich empfindet. Klagen die Sensohypochonder etwa über Magenbeschwerden, so entfernen sich ihre Angaben ebensosehr von den Klagen der Magenkranken, wie auch der Menschen, die eben etwas Schwerverträgliches gegessen haben und dies in ihrem Magen spüren. Wenn die Beschwerden sehr bestimmt angegeben werden, so heißt das also nicht, daß sie mit echten Schmerzempfindungen übereinstimmen, sie werden nur so unmittelbar beschrieben, daß man einen Empfindungscharakter erkennt. Geeigneterweise ist von *plastischen* Schilderungen, welche die Kranken geben, zu sprechen. Beispiele sollen gleich genauer zeigen, was gemeint ist.

Die Schilderungen erinnern an die hypochondrischen Beschwerden, die wir bei den *hypochondrischen Paraphrenien* und bei der *hypochondrischen Depression* finden. Es kann Schwierigkeiten bereiten, eine hypochondrische Depression und eine sensohypochondrische Neurose zu unterscheiden. Die Neurotiker lassen sich jedoch aufmuntern und von ihren Beschwerden ablenken, die Depressiven verharren dagegen in ihrem krankhaften Affekt. Eine Verwechslung mit den schizophrenen Erscheinungen ist nicht möglich, weil dort, wie oben schon betont wurde, von den Patienten selbst keine Krankheit, sondern eine Beeinflussung von außen angenommen wird.

Aus den Äußerungen einer sensohypochondrischen Frau, die ein schweres Herzleiden zu haben glaubte, war folgendes zu entnehmen:

Schon seit Jahren spürte sie oft ein lähmungsartiges Gefühl in den Beinen. Sie mußte daher schon öfter im Bett liegen. In letzter Zeit wurde es mit ihrem Leiden schlimmer. Wenn sie eine Zeitlang ging, trat ein Hitzegefühl im Kopf und ein Glühen des ganzen Körpers auf. Ihre Schläfen fielen ihr bei den Schmerzen ganz ein, es war wie ein Loch dort. Auch die Handgelenke fielen ein. Wenn sie sprach, traten Schmerzen in den Beinen auf, wenn sie lachte, Schmerzen im Gaumen. Das Herz blähte sich auf, der Kreislauf stockte. Der linke Arm war wie gelähmt.

Aus den Äußerungen eines sensohypochondrischen Mannes, der glaubte, er habe Magenkrebs, ergab sich folgendes:

Am linken Rippenbogen bestehen Schmerzen, die über die Brust herüber in die Achselhöhle ziehen. Manchmal treten gürtelförmige Schmerzen über den ganzen Leib auf. Wenn er sich auf die rechte Seite legt, dann „klappt das Herz um, und der Puls ist schnell“. Legt er sich auf die linke Seite, dann „steht das Herz beinahe still“. Am besten kann er noch auf dem Bauch schlafen, wenn er die Arme nach der Seite legt, „damit das Blut nicht abgesperrt wird“. Manchmal hat er Stiche in der Herzgegend, als ob ihm jemand das Herz herausreißen wollte. Die rechte Bauchseite, „genau wo die Leber und Galle sitzt“, schmerzt auch oft. Die beiden Hoden schmerzen ebenfalls. Vor einigen Wochen dehnte sich einmal die Lunge nachts stark aus, „so daß das Herz zusammenschrumpfte“. Auch eine Blutleere im Kopf ist öfter vorhanden, die mit Angstgefühlen einhergeht. Am ganzen Körper besteht oft ein Kribbelgefühl. Nach einer Untersuchung in einer medizinischen Klinik wurde es ihm ganz schlecht, „jetzt zog es im ganzen Leib, die Lendenwirbelsäule begann steif zu werden“.

Man erkennt an den plastischen Äußerungen der Patienten, daß sie zweifellos etwas empfinden, aber man kann sich großenteils nicht vorstellen, was sie meinen.

Je länger eine sensohypochondrische Neurose dauert, desto mehr pflegt die Verbindung mit dem Organ, um das es eigentlich geht, verlorenzugehen. Obwohl der zuletzt geschilderte Kranke der Meinung war, er habe Magenkrebs, ist keine Zentrierung um dieses Organ mehr erkennbar. In dem in der Literatur vorherrschenden Sprachgebrauch werden vor allem solche Kranke hypochondrisch genannt, während die Ideohypochonder mehr unter der Bezeichnung einer der Nosophobien gehen. Die Entwicklung ist aber bei beiden Formen ganz von der gleichen Art. Auch bei ihren Befürchtungen unterscheiden sie sich nicht.

Das Auftreten sensohypochondrischer Beschwerden setzt eine besondere *Disposition* voraus. Die meisten Menschen bekommen keine derartigen Beschwerden, mögen sie auch noch so sehr von der Angst, eine schwere Krankheit zu haben, erfüllt sein. Man könnte daran denken, in der sensohypochondrischen Bereitschaft einen *abnormen Wesenszug* zu sehen. Doch greift sie normalerweise gar nicht in die psychischen Abläufe ein. Ein Wesenszug ist im normalen wie im psychopathischen Bereich am gesamtseelischen Geschehen beteiligt, die sensohypochondrische Disposition dagegen macht sich nur bemerkbar, wenn eine abnorme Zuwendung zum Körper erfolgt. Daher erzeugt sie selbst auch keine Neurose, sie gibt ihr nur eine besondere Gestalt und ist auch geeignet, eine Neurose, die einmal in Gang ist, zu unterhalten. Treten bei der Krankheitsbefürchtung unmittelbare Beschwerden auf, so sieht der Patient darin eine Bestätigung seiner Krankheit.

Wenn sich die hypochondrischen Beschwerden fixiert und ausgebreitet haben, können sie gegenüber den Befürchtungen, durch die sie entstanden sind, in den Vordergrund treten. Die Patienten sprechen an sich schon nicht gern von ihren Befürchtungen, sie äußern viel lieber Beschwerden, um mit ihnen das Vorliegen einer körperlichen Krankheit zu belegen. Sie rücken sie erst recht in den Vordergrund, wenn sie auch noch diesen unmittelbaren Empfindungscharakter haben. Da die Beschwerden den Kranken anhaltend beschäftigen, braucht es bei der sensohypochondrischen weniger als bei der ideohypochondrischen Neurose zuzutreffen, daß ungünstige äußere Vorgänge oder eine Grübelneigung die Befürchtungen unterhalten. Schon die Beschwerden halten die Zuwendung wach. Es entsteht so ein *Circulus vitiosus,* indem die Befürchtungen zu den Beschwerden führen und diese wieder die Befürchtungen unterhalten.

Man findet dementsprechend bei der sensohypochondrischen häufiger als bei der ideohypochondrischen Neurose Menschen, die von Natur *weder anankastisch noch übernachhaltig* sind, sondern nur durch ein erschreckendes Erlebnis in die krankhafte Entwicklung gerieten. Irgendeinen *akzentuierten Wesenszug,* der die Befürchtungen begünstigt, wird man aber auch hier selten vermissen. Es kann, wenn Übergenauigkeit und Übernachhaltigkeit fehlen, eine *Ängstlichkeit* sein.

Depressive Neurose, reaktive Depression, Neurasthenie

Wenn man von *reaktiver Depression* spricht, dann stellt man sich oft vor, daß ein erschütterndes äußeres Erlebnis, etwa der Tod eines geliebten Angehörigen, die Depression nach sich zieht, ohne daß sonst etwas geschehen ist. Dieser Ablauf, bei dem man von keiner *Entwicklung,* sondern nur von einer *Reaktion* sprechen kann, ist sehr selten. Viel häufiger sind die Menschen, die reaktiv in eine Depression geraten, vielleicht sogar Selbstmord begehen, durch eine Folge von Erlebnissen immer tiefer in ihre Verstimmung hineingedrängt worden. Die unglücklich Liebenden, die sich das Leben nehmen, haben nicht einen plötzlichen und überraschenden Verlust des Geliebten zu beklagen, sondern sind regelmäßig in einer unglücklichen Liebe sehr lange zwischen Erfüllung und Enttäuschung hin- und hergeschaukelt worden, um dann erst endgültig enttäuscht zu werden. Entsprechend ist ein Selbstmordversuch nicht zu erwarten, wenn ein Mensch plötzlich und unerwartet vor einem wirtschaftlichen Ruin steht, dagegen sehr wohl, wenn er vor dem endgültigen Zusammenbruch schon lange mit dem Ausgang rechnen konnte und einen zermürbenden Kampf führte, der ihm immer wieder noch einmal einen Erfolg brachte und immer wieder darauf einen Mißerfolg. Die Vertiefung der Depression erfolgt also auch hier durch das *Wechselspiel der Gefühle,* wie wir es bei den paranoischen, anankastischen und hypochondrischen Entwicklungen gefunden haben. Dementsprechend kann man bei der reaktiven Depression, wie sie sich in den meisten Fällen darstellt, auch von einer Neurose sprechen, eben einer *depressiven Neurose* oder auch von einer neurotischen Depression.

Ein Unterschied gegenüber den bisher besprochenen Neurosen besteht jedoch insofern, als die krankhafte Entwicklung mehr als dort *von außen her* bestimmt wird. Die äußeren Einwirkungen in ihrer ungünstigen Folge führen die zunehmende Depression herbei, weniger die Art der inneren Verarbeitung. Es kommt aber auch vor, daß sich ein Anankast mit dem unglücklichen Schicksal, von dem er betroffen ist, auch noch grübelnd beschäftigt und sich auf diese Weise noch mehr in die Depression hineinsteigert, als es nach dem äußeren Geschehen zu erwarten wäre. Von größerer Bedeutung ist, daß Menschen, die von Natur in ihrem Gefühlsleben stark erregbar sind, von den Ereignissen stärker betroffen werden und gerade daher auch in der weiteren Entwicklung schneller als andere in eine tiefere Depression geraten. Aus diesem Grund findet man bei den depressiven Neurosen vor allem *emotive, subdepressive* und *zyklothyme* Persönlichkeiten.

Was der Mensch ferner von sich aus hinzugibt, das ist das Angehen gegen die Ereignisse. Gerade weil er immer wieder versucht, die Dinge zum Besseren zu wenden, kommt das Auf und Ab zustande, sofern er Erfolge erzielt, die immer wieder rückgängig gemacht werden. Wir fanden es ähnlich bei den paranoischen Entwicklungen.

Das Kämpfen mit einem unglücklichen Schicksal ist außerdem für das Nervensystem sehr belastend und führt zu seiner Erschöpfung, d. h. zur *Neurasthenie,* die besonders in Reizbarkeit, Affektlabilität, Konzentrationsschwäche, Ermüdbarkeit ihren Ausdruck findet. Die Neurasthenie selbst ist keine Neurose. Ähnlich erschöpfend wirken sich innere *Konflikte* aus, in denen der Mensch zwischen zwei Möglichkeiten steht und zu keiner klaren Entscheidung kommen kann. Die Gefühle können auch hier ansteigen, aber es geht jetzt weniger darum, daß ein bestimmter Affekt hin- und hergeschaukelt wird, als um die Tatsache, daß zwei verschiedenartige Affekte unvereinbar nebeneinanderstehen und eine ständige Unruhe erzeugen. Auch der innere Konflikt verkörpert selbst keine neurotische Entwicklung; von hypochondrischen Befürchtungen und Beschwerden kann er sogar ablenken. Er führt aber häufig zu hysterischen Störungen, wie wir gleich sehen werden.

Hysterische Reaktion und hysterische Neurose

Krankheitssymptome, die einer abnormen psychischen Haltung entspringen, nennt man psychogen. Unter ihnen sind diejenigen *hysterisch,* die subjektiv gewünscht werden – man spricht vom Wunsch zur Krankheit – und einen *Zweck* verfolgen. Von *Simulation* unterscheidet sich das hysterische Reagieren dadurch, daß es nicht bewußt, sondern nach Verdrängung des objektiven Sachverhalts erfolgt. Es gibt aber Übergänge, da vieles, was man hysterisch nennt, lediglich mehr oder weniger unbewußt geschieht.

Hysterische Erscheinungen stellen zu einem großen Teil nur *Reaktionen* dar, nicht *Neurosen.* Wenn einer unangenehmen Sache durch Verdrängung ausgewichen wird, handelt es sich sehr oft um eine Verhaltensweise des Augenblicks, die man unter dem Begriff der Reaktion sieht. So kann ein unangenehmes Erlebnis unmittelbar mit einem angeblichen Schwächezustand beantwortet werden oder auch mit einer kleinen Lügenerzählung, ohne daß eine Vorbereitung dazu festzustellen ist. Je nachhaltiger eine hysterische Erscheinung aber ist, desto mehr setzt sie eine *neurotische Entwicklung* voraus. Man erkennt diese am meisten daran, daß einem Ziel, das überwertig ist, mit besonderer Nachhaltigkeit zugestrebt wird, wie wir es bei den paranoischen Entwicklungen gesehen haben.

Es zeigt sich wieder das *Wechselspiel der Gefühle.* Will ein Hysteriker etwa einer Arbeit aus dem Wege gehen, so demonstriert er zunächst einmal ein Kankheitssymptom, das ihn noch nicht allzusehr behindert. Bald wird sein Symptom aber von den Ärzten und auch von der Allgemeinheit, die nichts wesentlich Krankhaftes sieht, nicht mehr ernst genommen. Er erleidet dadurch in seinem Bestreben einen Rückschlag und verstärkt sein Symptom. Aber immer wieder kommt er nur vorübergehend zum Ziel, da man ärztlicherseits das Unechte seiner Krankheit erkennt und auch die Laien meist schon ein Gefühl dafür haben. So wird der Hysteriker auf dem Weg zu dem von ihm erwählten Ziel zwischen Erfolg und Mißerfolg hin- und hergeworfen; das Ziel erhält damit eine immer größere Gefühlsbetonung. Wenn andere Hysteriker nach Geltung streben und eine Rolle spielen wollen oder wenn sie bei ihren Angehörigen Mitleid erregen möchten, haben sie auch selten fortlaufend Erfolg; sie müssen Widerstände überwinden und steigern sich immer mehr in ihr Verlangen hinein. Die Ziele der Hysteriker laufen ähnlich wie die der Paranoiker sozialen Erfordernissen entgegen und rufen dadurch immer wieder den Widerspruch der Umgebung hervor.

Wenn Menschen in der geschilderten Weise den Ansprüchen des Lebens ausweichen, dann darf man sie als abnorm bezeichnen. Häufig sind es aber äußere *Notlagen,* für die auf demonstrative Weise ein Ausweg gesucht wird. Je größer die Not ist, desto leichter verfällt auch eine psychisch unauffällige Persönlichkeit in solche Reaktionsweisen. In den Schrecknissen des Krieges reagierten viele hysterisch, die sonst nie eine Neigung dazu gezeigt haben; die Bereitschaft besitzt in gewissem Maße jeder Mensch.

Aus dem Gesagten ergibt sich, daß die *äußere Belastung* als eine wesentliche Ursache der hysterischen Reaktionsweise anzusehen ist. Man spricht auch hier von einem *Konflikt,* der sich also zwischen dem abspielt, was der Mensch wünscht, und dem, was ihm im Gegensatz dazu von außen zugemutet wird. Als Konflikt im engeren Sinne bezeichnet man eine Uneinigkeit, die der Mensch in sich selbst trägt, indem er zwischen zwei Entscheidungen steht. Auch dieser innere Konflikt ist geeignet, eine hysterische Verhaltensweise auszulösen; manche Entscheidung wird überflüssig, wenn eine vermeintliche Krankheit dazwischentritt. Die *„Flucht in die Krankheit"* als Ausdruck der hysterischen Reaktion oder Neurose hat in bezug auf die äußeren wie die inneren Konflikte ihre Bedeutung.

Wenn Hysteriker Krankheiten demonstrieren, um zu einem Ziel zu kommen, dann suchen sie sich gern besonders aufdringliche Symptome aus. Sehr eindrucksvoll ist der *hysterische Anfall,* bei dem Verkrampfungen des Körpers in den verschiedensten Stellungen auftreten. Ein Stöhnen und Schreien kann die Wirkung erhöhen. Angeblich ist das Bewußtsein erloschen, doch kann man bei geschickter nachträglicher Befragung feststellen, daß die Kranken die Vorgänge der Umgebung während des Anfalls doch gut beobachtet haben. Man erkennt auch unmittelbar, daß sie den Anfall auf das Verhalten der Umgebung abstimmen. Wenn sie großen Eindruck machen, dann verstärken sich die Symptome; wenn die entsprechende Reaktion ausbleibt, hört der Anfall auf. Dementsprechend kann man ihn ärztlich durch einfache Nichtbeachtung schnell beenden. Hysteriker können aber doch durch Verdrängung und Abschaltung eine *Einengung des Bewußtseins* herbeiführen, die eine Art Dämmerzustand erzeugt. Die Kranken erscheinen dann ratlos, schwerbesinnlich und geben oft auf die einfachsten Fragen falsche Antworten. Manchmal tun sie es in der Weise, daß sie hart an der richtigen Antwort vorbeigehen. Sie zeigen damit, daß sie erst die richtige Antwort bereit hatten und diese nachträglich durch die am nächsten liegende falsche ersetzten. Zum Beispiel können sie einfachste Rechenaufgaben immer gerade so rechnen, daß das Ergebnis um eins vom richtigen abweicht. Man erkennt das Bestreben, für geistesschwach gehalten zu werden, und spricht von *Pseudodemenz,* die mit und ohne Umdämmerung vorkommt. Teilweise wird auch eine kindliche Verhaltensweise angenommen, z. B. in agrammatischer Weise, mit der Satzbildung eines kleinen Kindes gesprochen, um mit dem Schwachsinn zugleich eine Hilfsbedürftigkeit zu demonstrieren.

Mannigfach sind die *körperlichen Symptome,* die von den Kranken dargeboten werden: *Lähmungen* einer oder mehrerer Extremitäten, *Koordinationsstörungen* und *Empfindungsstörungen* der verschiedensten Art. Man erkennt hier die psychogene Natur äußerlich daran, daß immer genau ein Gliedabschnitt betroffen ist, gerade die Hand, der Vorderarm, der ganze Arm, während sich organische Veränderungen nach ganz anderen Gesetzmäßigkeiten anordnen. Teilweise kann man feststellen, daß die Verdrängung bei hysterischen Symptomen nicht nur leichter erfolgt, sondern auch viel tiefer geht, als sie dem Menschen sonst nachvollziehbar erscheint. Die Kranken stechen sich z. B. manchmal Nadeln tief in den Körper, ohne wesentliche Schmerzen zu verspüren, verschlucken Löffelstiele, ohne Würgereiz zu bekommen. Letzteres beobachtet man vor allem bei Strafgefangenen, die auf diese Weise eine Zeitlang der eintönigen Strafhaft entgehen und in ärztliche Behandlung kommen wollen. Manchmal treten Symptome erst unter den suggestiven Einflüssen der *Untersuchungssituation* hervor. Läßt man die Kranken mit geschlossenen Augen stehen, dann beginnen sie zu schwanken, drohen sogar umzufallen. Bei der Durchführung des Finger-Nasen-Versuchs greifen sie grob am Ziel vorbei, gelegentlich sogar bei offenen Augen. All das geschieht nur, wenn sie hoffen, auf diese Weise als krank anerkannt zu werden. Seit die Ärzte gut gelernt haben, demonstrierte von echten Krankheitssymptomen zu unterscheiden, sieht man grobe hysterische Erscheinungen seltener. Die Patienten klagen jetzt lieber über *unbestimmte körperliche Beschwerden,* deren organische Genese nicht so leicht zu widerlegen ist. Hat man sie als psychogen erkannt, dann bleibt die grundsätzlich und therapeutisch außerordentlich wichtige Unterscheidung zwischen *hysterischen* und *hypochondrischen* Beschwerden, die äußerlich ähnlich aussehen können, zu treffen. Erstere verfolgen, wie wir sahen, einen *Zweck,* letztere entspringen dagegen einer *Angst.* Hysteriker wollen krank sein, Hypochonder fürchten es zu sein. Bei genauerer Prüfung kann man das Demonstrative auf der einen Seite, das echt Besorgte auf der anderen Seite nicht übersehen.

Die *Fixierung der Symptome* ist beschränkt, wenn sie nur von einer hysterischen Reaktionsweise bestimmt wird. Durch die Neigung demonstrativer Persönlichkeiten, bei Schwierigkeiten auszuweichen, bricht auch das Streben nach ihrem neurotischen Ziel oft schnell wieder ab. Stoßen die Kranken in dem Verlangen nach Anerkennung, Bemitleidung oder materieller Versorgung auf einen stärkeren Widerstand, dann geben sie nach und finden sich mit der Erfolglosigkeit ihrer Bestrebungen ab. Das ist anders, wenn ein *paranoischer Affekt* hinzukommt. Bei einer nur paranoischen Fehlhaltung geht die Entwicklung von den nachdauernden Affekten aus, bei einer nur hysterischen von dem Bestreben, Schwierigkeiten zu umgehen. Dementsprechend zieht sich durch die paranoische Entwicklung die Kampfhaltung, durch die hysterische die Unaufrichtigkeit. Beides kann sich aber verbinden und dazu führen, daß sich der Patient nicht nur krank glaubt, sondern zugleich verkannt und benachteiligt fühlt. Es ist hier zu einer paranoischen Entwicklung gekommen, die das hysterische Wunschziel auch bei Widerständen festhält. Die schweren *Rentenneurotiker* sind fast alle paranoid und hysterisch zugleich. Sie kämpfen mit einem paranoischen Affekt um die Anerkennung ihrer demonstrierten Symptome.

Man kann andererseits jedoch auch beobachten, daß sich die Verbindung *sozial günstig* auswirkt, indem die positive Tendenz, die in der Übernachhaltigkeit steckt, d. h. die Strebsamkeit, zur Geltung kommt. Paranoide Persönlichkeiten, die in ihrer Lebensstellung eine Erfüllung finden, können eine solche Ausdauer entfalten, daß sich auch bei starken Anforderungen ihre ebenfalls vorhandene hysterische Bereitschaft, auszuweichen, nicht bemerkbar macht. Man wundert sich manchmal, daß ein Mensch, der bisher sehr strebsam war, eines Tages versagt und massive hysterische Symptome bietet. Er hat in diesem Fall meist den für seinen Ehrgeiz nötigen Inhalt verloren, vielleicht, weil er aus äußeren Gründen seine bisherige Berufsstellung nicht behalten konnte, vielleicht auch, weil er älter wurde und in der Arbeit nicht mehr zurechtkommt. Mit dem Nachlassen des Strebens setzt jetzt die hysterische Tendenz ein, nunmehr vom paranoischen Element vielleicht sogar noch unterstützt.

Auch ein subdepressiver Wesenszug hat in Verbindung mit einem hysterischen teils günstige, teils ungünstige Wirkungen. Das Gefühl der Insuffizienz, das Depressive haben, verstärkt oft die Neigung, den Schwierigkeiten auszuweichen. Eine ernste Stimmung kann andererseits aber auch eine ernste, d. h. hier pflichtbewußte Haltung erzeugen, die der Bereitschaft zur Unaufrichtigkeit entgegenwirkt.

Von besonderem Interesse ist es, wenn sich eine hysterische Neigung mit einer *sensohypochondrischen* Bereitschaft verbindet, da jetzt von zwei Seiten her eine Neigung zu körperlichen Beschwerden kommt. In einem Fall entstehen diese aus einem Wunsch heraus, im anderen aus einer Befürchtung. Obwohl hier gegensätzliche Tendenzen vorliegen, können sich beide Symptomgestaltungen zusammenfinden. Man beobachtet gelegentlich, daß Neurotiker in einer deutlichen Wunschhaltung Beschwerden äußern und dann doch wieder Angst haben, ernstlich krank zu sein. Da der Mensch in seinem Streben oft ambivalent ist, liegt darin kein Widerspruch. Die Beschwerden selbst kann man in der Regel den zwei Richtungen entsprechend trennen, da die hysterischen Schilderungen nie so plastisch sind wie die sensohypochondrischen.

Sofern man nicht an hysterische Neurosen, sondern nur hysterische Reaktionen denkt, kommt auch durch Hinzutreten einer *epileptoiden* Verhaltensweise eine sehr ungünstige Kombination zustande. Es ergibt sich dadurch eine Bereitschaft, Trieben und Stimmungen impulsiv nachzugehen, zugleich aber hemmende Einflüsse, die sich geltend machen könnten, mit hysterischer Neigung zu verdrängen. Asoziale Verhaltensweisen entstehen hier demnach besonders häufig.

Durch Darstellung der hysterischen Neurose ist das *sozial Negative* einer demonstrativen Bereitschaft sehr in den Vordergrund getreten. Es ist die einzige Neuroseform, bei der die Kranken unter ihren Beschwerden nicht leiden, sondern diese unter Verdrängungen selbst erzeugen. Um einer unangebrachten Verallgemeinerung vorzubeugen, sei noch einmal auf die *positiven Züge* demonstrativer Persönlichkeiten hingewiesen, die oben angeführt wurden. Jetzt war nur von den neurotischen Zuständen zu sprechen.

Psychosomatische Krankheitsgestaltung

Bei der *sensohypochondrischen Neurose* entstehen aus Befürchtungen echte Beschwerden, dagegen *keine körperlichen Krankheiten.* Der Hypochonder mag beliebig lange glauben, an einem Organ krank zu sein, er wird es dadurch nicht wirklich. Es können jedoch vom Psychischen her auch *organische Veränderungen* im Körper erzeugt werden, etwa ein Herzinfarkt oder ein Duodenalulkus. Es handelt sich hier um keine, jedenfalls keine direkten Folgeerscheinungen von Neurosen; keine der erwähnten neurotischen Formen mündet in organische Veränderungen ein.

Ursache für psychosomatische Krankheiten sind nicht die spezifischen Fehlhaltungen, die sich aus den neurotischen Entwicklungen ergeben, sondern *allgemeine seelische Spannungen.* Daher erzeugt eine hysterische Neurose, bei der sich die Affekte unter Verdrängung immer wieder abreagieren können, niemals eine Bereitschaft zu einer organischen Krankheit, dagegen manchmal eine anankastische Neurose, nämlich dann, wenn es in der Fehlhaltung mit den Grübeleien zu starken seelischen Spannungen kommt.

Häufiger findet man diese im Übermaß bei Menschen, die nicht neurotisch sind, sondern nur sonst zu keiner Entspannung kommen können. Strebernaturen, an die man beim Begriff des „Managers" denkt, sind in Gefahr, und ähnlich auch Pflichtmenschen, die keine Belastung von sich abschieben können. Die chronischen Spannungen wirken vor allem über das *vegetative Nervensystem* auf den Körper ein. Man kann auch unmittelbar feststellen, daß Durchblutung der Magenschleimhaut und Sekretion der Magendrüsen von psychischen Erregungen abhängig sind. Noch näher liegt die Feststellung, daß Herzschlag und Blutdruck von psychischen Vorgängen beeinflußt werden. Dementsprechend können *psychosomatisch,* d. h. vom Psychischen bedingt oder mitbedingt, diejenigen Krankheiten entstehen, die vom vegetativen, insbesondere vasomotorischen Zustand abhängig sind. Am meisten sind zu nennen *Herzinfarkt, Duodenalulkus, Colitis ulcerosa, Asthma bronchiale.* Das Magenulkus zeigt eine geringere Abhängigkeit von psychischen Vorgängen als das Duodenalulkus.

Die Spannungen, die das psychosomatische Leiden bedingen, können *von außen* her erzeugt sein, indem übermäßige Belastungen zugemutet oder Konflikte herbeigeführt werden. Bei innerer Verursachung findet man den Herzinfarkt mehr bei den Strebern, das Duodenalulcus mehr bei den Pflichtmenschen.

Neurosen des Kindesalters

Die Neurosen des Kindes sehen wesentlich anders aus als die Neurosen des Erwachsenen. Das liegt vor allem an der unvergleichbar größeren Abhängigkeit des Kindes von anderen Menschen. Der Erwachsene steht mehr oder weniger selbständig in der Gemeinschaft. Er kann sich gegen Einwirkungen, die ihm nicht gefallen, wehren oder kann sich ihnen entziehen. Wenn beides schwer möglich ist, bleibt er doch in seiner inneren Haltung eine freie Persönlichkeit, die sich mit den Gegebenheiten auseinandersetzen und eine eigene Stellung beziehen kann. Beim Kind ist das anders. Es kann den Einflüssen der Erwachsenen, die seine Erzieher sind, nicht entgehen. Es kann auch keinen Streit auf der Ebene der Gleichstellung führen, teils weil es von der sozialen Ordnung dem Erwachsenen unterstellt wird, teils weil es nach seiner Verstandesbildung und seiner Lebenserfahrung noch gar nicht fähig ist, einen echten Streit zu führen. Aus dem gleichen Grund fehlt ihm auch die Möglichkeit, seine innere Haltung unabhängig von den äußeren Einwirkungen zu gestalten. So versteht man, daß bei vielen kindlichen Fehlhaltungen *Erziehungsfehler* maßgebend sind.

Im besonderen Maß ist die *Pendelerziehung,* wie ich sie nenne, geeignet, kindliche Fehlhaltungen zu erzeugen. Manche Erzieher, besonders weiche Mütter, neigen dazu, in ihren Anordnungen immer wieder nachzugeben, wenn sie auf den Widerstand des Kindes stoßen. Dieses gewöhnt sich unter diesen Gegebenheiten an, ganz allgemein Widerstand zu leisten, wenn etwas Unangenehmes verlangt wird. Der Erzieher muß aber, auch wenn er dem Kind alles Gute tun möchte, vieles doch erzwingen, denn in einem Kulturstaat kann kein Kind so aufwachsen, wie es seinen Trieben und Wünschen entspricht. Statt der übertriebenen Milde setzt jetzt beim Erzieher oft eine gereizte Härte ein, durch die der Widerstand des Kindes gebrochen wird. Dieses ist darüber gekränkt und sucht sich beim nächsten Mal erst recht durchzusetzen, es lebt sich so wegen des pendelnden Hin und Her zunehmend in eine Kampfhaltung gegen den Erzieher hinein, die als neurotische Entwicklung anzusehen ist. Der Beginn liegt häufig in der „Trotzphase", d. h. etwa dem dritten Lebensjahr, wenn das Kind von sich aus schon zu Widerstand neigt. Dem Kind selbst ist es gar nicht zuträglich, wenn es in dieser Weise hin- und hergerissen wird, sondern es wird darüber häufig *neurasthenisch.* Man spricht in diesem Fall von einem „nervösen" Kind, das unruhig, zappelig und unkonzentriert ist.

Bei der *Gängelerziehung* bindet der Erzieher das Kind allzusehr an sich und gibt ihm nicht genügend Möglichkeiten, sich mit der Umwelt, vor allem mit anderen Kindern, auseinanderzusetzen. Er verhindert dadurch seine Entwicklung zu einer selbständigen, eigenen Haltung, die nötig ist, wenn das Durchsetzungsvermögen gegenüber den Altersgenossen zustande kommen soll. Häufig ist solch ein „Muttersöhnchen", das nicht gelernt hat, im Kreis anderer Kinder zu bestehen, nun den Verfolgungen stärkerer Altersgenossen ausgesetzt. Wenn diese höhere Grade erreichen, indem das Kind vielleicht direkt „Zielscheibe" für die anderen wird, dann ist es allerdings meist schon von Natur aus ängstlich und kann sich aus diesem Grund schlecht wehren.

Der einfache *Mangel an Erziehung* wirkt sich schon bei der Reinlichkeitsgewöhnung aus. Kinder, die in den ersten Lebensjahren nicht konsequent zur Sauberkeit angehalten werden, leiden häufig in den weiteren Jahren ihrer Kindheit an *Enuresis,* vielleicht sogar an *Enkopresis.* Bemerkenswerterweise ist es oft sehr schwierig, die Erziehung nachzuholen. In den ersten Jahren lassen sich fast alle Kinder zur Sauberkeit erziehen, später kann es dagegen sehr schwer sein. Es scheint, daß sich die bedingten Reflexe, die nötig sind, in den ersten Jahren besser ausbilden lassen als später. Es kommt hinzu, daß beim älteren Kind die psychische Haltung leichter nachteilig eingreift. Das ängstliche Bemühen, den Anforderungen zu genügen, scheint die Ausbildung der Reflexe manchmal eher zu stören als zu fördern. Ein Widerstreben andererseits wird beim etwas älteren Kind eher wirksam. Manche Kinder kehren nach der Geburt eines Geschwisterchens zu Bettnässen und Einkoten zurück, weil sie die Fürsorge der Mutter, die sie zu einem großen Teil abgeben mußten, wieder stärker an sich fesseln möchten.

Weiter wirkt sich die Mangelerziehung besonders mit *Schulbeginn* nachteilig aus, weil Kinder, die bis dahin zu keinem eigenen Streben und keiner eigenen Leistung angehalten worden sind, nicht rechtzeitig die Ausdauer gewinnen, die sie bei den Anforderungen der Schule nicht entbehren können. Wenn sie die Aufgaben dann doch bewältigen sollen, werden sie auch häufig neurasthenisch.

Von den Neurosen des Erwachsenenalters kommen in der Kindheit nur solche zur Beobachtung, die keine wesentliche innere Verarbeitung erfordern. Das Kind lebt noch ganz nach außen, es reflektiert nicht und hat noch keine innere Nachhaltigkeit.

Paranoische Entwicklungen mit der Tendenz zu wahnhafter Fixierung gibt es im Kindesalter nicht, aber in widersetzlichen Haltungen gegen Erzieher kommen Haßeinstellungen vor, die den paranoischen Affekt enthalten. Eine paranoide Wesensart, wie eine Pendelerziehung oder auch beide Faktoren zugleich, können für eine solche Haltung verantwortlich sein. Auch die Eifersucht enthält den paranoischen Affekt. Sie ist beim Kind sehr häufig und richtet sich mit Vorliebe gegen kleinere Geschwister.

Hypochondrische Neurosen sind beim Kind sehr selten, da es Krankheitsbefürchtungen, die es auch einmal haben kann, meist schnell wieder vergißt. Nur wenn Erwachsene auf Grund eigener Sorge die Befürchtungen des Kindes durch ständige Hinweise lebendig erhalten, können hypochondrische Haltungen entstehen.

Zwangsneurosen findet man im Kindesalter ebenfalls kaum. Sie pflegen erst in den Jahren nach der Pubertät einzusetzen. Auch für solche Entwicklungen ist die innere Nachhaltigkeit der kindlichen Psyche zu gering.

Hysterische Neurosen fixierter Art kommen ähnlich wie die Hypochondrien in der Kindheit nur dann vor, wenn sie durch das Verhalten der Erwachsenen gefördert werden. Dagegen sind hysterische Reaktionen des Augenblicks, durch die sich das Kind einer unangenehmen Sache entziehen möchte, sehr häufig. Körperliche Beschwerden, die in der Angst vor einer Schularbeit auftreten, können unmittelbar *psychosomatisch* sein, indem sich die Spannungen ins Körperliche auswirken und etwa einen Durchfall oder ein Erbrechen erzeugen. Wenn die Beschwerden aber nicht mit objektiven Krankheitsvorgängen verbunden sind, bestehen sie meist nur in der Wunschvorstellung des Kindes, d. h., sie stellen ein hysterisches Symptom dar. Eine Bereitschaft der Persönlichkeit braucht bei solchen Reaktionen, die beim Kind allgemein naheliegen, nicht zu bestehen. Auch kleine Lügen und Schwindeleien, durch die Kinder Unannehmlichkeiten entgehen oder sich selbst in Geltung bringen möchten, brauchen keine nachteilige Bedeutung zu haben, zumal in der frühen Kindheit Erinnerungen und Phantasievorstellungen noch nicht sicher unterschieden werden können.

Von den *Erwartungsneurosen* gehört das *Stottern* direkt dem Kindesalter an, denn es entsteht fast immer in dieser Zeit. Die Gründe dafür liegen einmal in der Tatsache, daß dem Kind das Sprechen noch gewisse Schwierigkeiten bereitet, so daß die Artikulation leichter versagt als beim Erwachsenen. Der Ablauf ist auch noch nicht so fest automatisiert. Es kommt aber hinzu, daß im Kindesalter eine größere Bereitschaft zu ängstlichen Spannungen besteht, durch welche die Artikulation gestört wird.

Ferner stellt der *Tic* eine häufige Neuroseform des Kindesalters dar. Hier ergibt sich die Erklärung dadurch, daß die Störung mit Vorliebe aus einer nervösen Unruhe entspringt. Zappelige Kinder, die da und dort zucken, halten manchmal die eine oder die andere Bewegungsform im Sinne eines Tics fest, und zwar besonders dann, wenn sie von Erwachsenen durch Ermahnung immer wieder auf die Bewegung hingewiesen und daher zu einer vermehrten Zuwendung angehalten werden.

Für *reaktive Depressionen* tieferer Art fehlt dem Kind wieder die Nachhaltigkeit, dazu auch die Einsicht, um die Tragweite trauriger Ereignisse zu ermessen. Dagegen können *Angstreaktionen* aus verständlichen oder auch ungenügenden Anlässen zu einem impulsiven Handeln, gelegentlich auch zum *Suizid,* führen.

Wenn man bei kindlichen Fehlhaltungen in erster Linie an äußere Ursachen, besonders an Erziehungsfehler denkt, so darf man doch auch nicht übersehen, daß die *akzentuierenden Wesenszüge,* die beim Erwachsenen zur Entstehung einer Neurose beitragen, oft auch schon im Kindesalter zu finden sind. Erst wenn man auch diese ermittelt hat, besitzt man volle Einsicht in die Genese der Fehlhaltung und vermag die therapeutischen Maßnahmen sachgerecht zu gestalten.

Es geht hier nicht um psychopathische Züge, die von sich aus, d. h. auch ohne ungünstige Einflüsse von außen, zu Fehlhaltungen führen können, sondern um Wesenszüge, die auch den normalen Menschen eigen sind. Es ist möglich, sie schon in der Kindheit festzustellen. So kennt man die *übergewissenhaften* Kinder, die für ihr Alter viel zu selbständig auf Ordnung halten. Man kennt auch die *emotiven Kinder,* die leicht zum Weinen neigen. Stärker als beim Erwachsenen tritt beim Kind eine abnorme *Ängstlichkeit* nach außen hin in Erscheinung. Auch ein *hypomanischer* Zug pflegt im Kindesalter gröber hervorzutreten als beim Erwachsenen, weil Kinder an sich schon lebhaft sind. Es kann bei dieser Wesensart durch die ständige Umtriebigkeit eine störende Unruhe entstehen. Erziehungseinflüsse richten wenig aus, sie dürfen auch nicht so stark einengend wirken, weil sonst ein neurasthenischer Zustand entsteht. Die Umtriebigkeit hypomanischer Kinder darf nicht mit der viel primitiveren Hypermetamorphose enzephalitischer Kinder verwechselt werden. Große Erziehungsschwierigkeiten kann auch eine *ungesteuerte Wesensart* bereiten. Deren primitive Reaktionsweise führt im Kindesalter neben den Zornausbrüchen mit Vorliebe zu Weglaufen, nicht selten auch zu einem impulsiven Lügen und zu Diebstählen von Dingen, die für die kindliche Psyche verlockend sind. Unredlichkeiten mit Lügen und Stehlen beobachtet man noch mehr bei einer *hysterischen Wesensart.* Dann haben die Kinder hier zugleich eine gute Anpassungsfähigkeit an Erwachsene. Eine nicht geringe Rolle spielt weiterhin die *paranoide* Art, in der die Kinder sehr empfindlich gegen wirkliche oder vermeintliche Ungerechtigkeiten sind, in der sie zugleich auch ehrgeizig streben und sich gern vor anderen auszeichnen. Wenn sie nicht durch Leistung glänzen können, tun sie sich manchmal durch ihre Unarten hervor. Sie dürfen dann nicht mit hysterischen Kindern verwechselt werden, die auch nach äußerer Geltung streben, aber viel anpassungsfähiger sind.

Bei den *akzentuierenden Wesenszügen* im Kindesalter sollte man nur mit größter Zurückhaltung schon von *psychopathischen Zügen* sprechen, da man noch keine Möglichkeit hat, in seinem Urteil die Lebensbewährung mit in Rechnung zu ziehen. Man darf in jedem Fall die Hoffnung haben, daß ein Kind auch bei gröberen Fehlhaltungen im späteren Leben doch noch eine gute Entwicklung nehmen wird, wenn die *Erziehungsmaßnahmen* der Wesensart des Kindes angepaßt werden.

Ferner sei noch einmal betont, daß der erste diagnostische Blick immer nach außen, auf die Lebensumstände des Kindes gerichtet sein muß. Auch bei allen Formen der Fehlhaltung, die man als Unarten bezeichnen möchte, können Erziehungsfehler allein verantwortlich sein.

Sachwortverzeichnis